T0246972

ENEAGRAMA FÁCIL

El editor y la autora no se hacen responsables de la exactitud ni la exhaustividad de los contenidos de este trabajo y renuncian específicamente a ofrecer cualquier garantía, lo cual incluye, entre otras, garantías de idoneidad para cualquier propósito en particular. Las ventas y los materiales promocionales tampoco generan ni extienden ninguna garantía. Los consejos y estrategias contenidos en este documento podrían no ser adecuados para todas las situaciones. Esta obra está a la venta partiendo de la base de que el editor no se dedica a brindar consejos o servicios médicos, legales o profesionales de otro tipo. Si se requiere asistencia profesional, se deben buscar los servicios de una persona profesional competente. Ni el editor ni la autora serán responsables de los daños que puedan derivarse de la lectura de este libro. El hecho de que en este trabajo se cite a una persona, una organización o un sitio web o se ofrezca como posible fuente de información adicional no significa que la autora o el editor respalden la información que esa persona, esa organización o ese sitio web puedan proporcionar ni las recomendaciones que puedan hacer. Además, los lectores deben tener en cuenta que los sitios web enumerados en este trabajo pueden haber cambiado o desaparecido entre el momento en que se escribió esta obra y el momento en que se procede a su lectura.

Título original: Enneagram Made Simple: A No-Nonsense Guide to Using the Enneagram for Growth and Awareness
Traducido del inglés por Francesc Prims Terradas
Diseño de portada: Editorial Sirio, S.A.
Maquetación: Toñi F. Castellón

© de la edición original
2022 de Rockridge Press, Emeryville, California

Fotografía de la autora cortesía de Aubree Shannon Photography
Publicado inicialmente en inglés por Rockridge Press, un sello de Callisto Media, Inc.

© de la presente edición
EDITORIAL SIRIO, S.A.
C/ Rosa de los Vientos, 64
Pol. Ind. El Viso
29006-Málaga
España

www.editorialsirio.com
sirio@editorialsirio.com

I.S.B.N.: 978-84-19105-51-6
Depósito Legal: MA-207-2023

Impreso en Imagraf Impresores, S. A.
c/ Nabucco, 14 D - Pol. Alameda
29006 - Málaga

Impreso en España

Puedes seguirnos en Facebook, Twitter, YouTube e Instagram.

 El papel utilizado para la impresión de este libro está **libre de cloro** elemental (ECF) y su procedencia está certificada por una entidad independiente, no gubernamental, que promueve la sostenibilidad de los bosques.

Ashton Whitmoyer-Ober

ENEAGRAMA FÁCIL

Una guía práctica
para el autoconocimiento
y el desarrollo personal

EDITORIAL
SIRIO

A Preston. Ojalá siempre busques comprenderte y entender a quienes te rodean. Mi vida empezó el día que naciste.

ÍNDICE

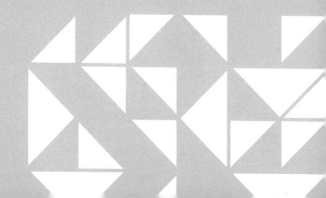

INTRODUCCIÓN

C reo que querer saber más sobre nosotros mismos es una tendencia humana natural. Queremos saber quiénes somos, por qué somos como somos, cómo llegamos al punto en el que nos encontramos y cómo podemos seguir adelante. Hoy intentamos conocernos un poco mejor de lo que nos conocíamos ayer. Pues bien, el eneagrama es una herramienta que nos sirve para estos fines.

El eneagrama es un sistema de clasificación que divide los tipos de personalidad en nueve categorías. Al contrario de otros sistemas que tienen este enfoque, el eneagrama no describe nuestros comportamientos. Hay unos comportamientos prototípicos que se corresponden con cada uno de los nueve tipos, sí, pero el eneagrama se centra en nuestras motivaciones: aquello que está detrás de lo que hacemos. Puede ser que todos manifestemos los mismos comportamientos, pero las motivaciones que los impulsan suelen ser muy variadas. Los perfiles de los nueve tipos están basados en estas motivaciones.

Siempre me han interesado mucho los test de personalidad. De niña, todos los jueves por la tarde iba con la familia a la librería local (siempre que esa semana mi hermana y yo nos hubiésemos llevado bien). Esa librería era una golosina para mí, y probablemente es la razón por la que estos establecimientos me siguen fascinando en la actualidad. Tan pronto como llegábamos, iba directa al fondo del local, a la sección de psicología. Ya a esa edad intentaba averiguar quién era yo. Respondí todo tipo de test de personalidad, como los que conducen a saber qué tipo Myers-Briggs o qué princesa Disney eres (en este último caso, me salió que era una Cenicienta, por si tienes curiosidad por saberlo).

Años después, decidí estudiar Psicología en la universidad. Seguí descubriendo nuevos sistemas de clasificación de la personalidad, pero siempre se trataba de lo mismo: esos test de personalidad explicaban cómo somos, pero no iban más allá de proporcionar esta información; no iban acompañados de directrices útiles para avanzar a partir de ahí. Mientras cursaba un máster de Psicología, descubrí el eneagrama. Ahí estaba la respuesta a todas las preguntas que me había hecho anteriormente en relación con los otros test de personalidad. El eneagrama me dijo qué tipo de persona era, sí, y me ofreció una información incluso más importante: me dijo *por qué* era de esa manera y me orientó en cuanto a la forma de cambiar mi comportamiento y relacionarme mejor con el mundo. Me enamoré de esta herramienta y supe que quería compartir esta información con los demás.

Actualmente soy psicóloga comunitaria, *coach* de eneagrama certificada y autora sobre esta materia, entre otras cosas. Aunque pueda parecer una afirmación exagerada, la verdad es que el eneagrama me ha cambiado la vida. Ahora que sé por qué hago lo que hago (y por qué los demás se comportan de determinadas maneras), puedo comprenderme más a mí misma y entender más a quienes me rodean. Soy capaz de modificar algunos de los comportamientos

que no me gustan y de utilizar esta información para pro-
fundizar más en mi verdadero yo. Adquirí el título que me
permite trabajar profesionalmente con el eneagrama con
el fin de poder compartir este conocimiento con otros que
quieran saber más. Espero que la información contenida en
esta obra cambie tu vida tanto como cambió la mía.

CÓMO UTILIZAR ESTE LIBRO

E n este libro encontrarás los aspectos básicos del eneagrama; descubrirás los nueve «eneatipos» de personalidad que hay y cómo se relacionan con el mundo. Proporciono ejercicios para cada eneatipo, para ayudarte a fomentar tu crecimiento o a cambiar algunos de los comportamientos que no te gustan. Empezarás respondiendo un cuestionario que te ayudará a saber qué eneatipo eres y a emprender tu viaje basado en el eneagrama hacia la mejor versión de ti. También podrías responder uno de los test que se encuentran en Internet, en particular los que ofrecen The Enneagram Institute y Truity. De todos modos, es importante que no te bases en estos test solamente para determinar cuál es tu eneatipo. Te voy a explicar por qué.

Hay cuestionarios que dan en el clavo al identificar algunos de los comportamientos prototípicos asociados a cada uno, pero no siempre explican qué es lo que motiva estos comportamientos. Además, si somos verdaderamente honestos con nosotros mismos, a veces respondemos preguntas según la manera en que queremos que nos perciban los demás. Somos humanos, de acuerdo, pero esta es la razón por la que el eneagrama puede constituir un viaje. Nos encantan las soluciones rápidas y que alguien nos diga a qué categoría de personalidad pertenecemos, pero para que el eneagrama nos aporte sus beneficios, debemos empezar por examinar cada uno de los eneatipos y ver con qué nos sentimos identificados. Contempla los miedos y deseos fundamentales de los nueve eneatipos y sé realmente honesto contigo mismo en cuanto a por qué haces lo que haces. A partir de ahí, puedes trabajar para experimentar verdaderos cambios en tu crecimiento.

El hecho de que el eneagrama tenga que ver con motivaciones y no con comportamientos significa que una vez que sabemos qué nos motiva a actuar de la manera en que lo hacemos podemos aprovechar esta comprensión para aceptar estos comportamientos o bien cambiarlos. Piensa que los nueve eneatipos son nueve maneras diferentes de ver el mundo. En función de nuestro eneatipo, vemos las situaciones a través de unas determinadas gafas, cuyos cristales son de un determinado color. Por ejemplo, imaginemos que todas las personas de eneatipo 1 llevan gafas de cristales azules, mientras que todas las personas de eneatipo 3 llevan gafas de cristales verdes. Unas y otras pueden estar mirando la misma situación, pero unas la verán coloreada de azul y las otras coloreada de verde. El hecho de conocer los distintos eneatipos nos ayuda a tomar más conciencia de nosotros mismos y a comprender las distintas modalidades de relaciones que mantenemos en nuestra vida.

Te animo a adentrarte en este libro con la mente abierta, dispuesto a absorber la información. No presupongas que tu eneatipo es uno u otro; confírmalo a lo largo de la lectura. Este libro es un punto de partida y tu viaje no ha hecho más que empezar.

PRIMERA PARTE

Aspectos básicos del eneagrama

En esta parte del libro veremos qué es el *eneagrama* y qué significa esta palabra. Te presentaré la historia del eneagrama y los términos que debes conocer, y veremos cómo puedes averiguar cuál es tu eneatipo sin acudir a un test convencional. También te hablaré del símbolo en sí, del significado de las líneas y de cómo todos estamos conectados con más de un eneatipo.

CAPÍTULO 1

Qué es el eneagrama

EL ORIGEN

Hace tiempo que el eneagrama está con nosotros; es difícil determinar exactamente dónde y cómo empezó. Según la mayoría de las teorías, el eneagrama fue creado con el fin de estimular la espiritualidad. Esto no significa necesariamente que surgió en el seno del cristianismo, si bien algunas organizaciones y personas cristianas lo han usado en sus enseñanzas. Está extendida la idea errónea de que el eneagrama solo está destinado a quienes se identifican con la fe cristiana, pero esto no es así. Hace entre dos mil y cuatro mil años que individuos de muchas culturas del mundo están usando el eneagrama, según se ha demostrado.

El concepto del eneagrama moderno se atribuye al filósofo boliviano Óscar Ichazo, quien fundó la Escuela Arica en 1968, en la cual se enseñaban métodos de desarrollo de la conciencia, el eneagrama entre ellos. El psiquiatra chileno Claudio Naranjo, un pionero, fue a la Escuela Arica a aprender más y enseguida se interesó por el eneagrama, de resultas de su propio viaje de autodescubrimiento. Naranjo creó el Instituto SAT (Seekers After Truth, 'buscadores de la verdad'), asociado a un programa de formación internacional en que el eneagrama tiene un papel central.

Los primeros libros que versan sobre el eneagrama no se escribieron hasta década de 1980. La popularidad de esta herramienta decreció en los años noventa y principios de los 2000; sin embargo, en la última década el interés ha resurgido, tal vez gracias a la información compartida en Internet. El concepto del eneagrama se ha desarrollado y actualmente se enseña en todo el mundo en escuelas acreditadas que están bajo el paraguas de la Asociación Internacional del Eneagrama (IEA, por sus siglas en inglés). Hay psicólogos y terapeutas del ámbito de la salud mental que están empezando a utilizar el eneagrama en la consulta para ayudar a los pacientes a reconocer sus motivaciones y la forma en que estas los pueden estar frenando.

ASPECTOS BÁSICOS DEL ENEAGRAMA

El eneagrama es una herramienta cuyo fin es promover el crecimiento y desarrollo personal. Es un sistema de clasificación tipológica y proporciona una manera de comprender las propias motivaciones. Ahora bien, los expertos en el eneagrama se apresuran a decirles a sus alumnos que este método no debe proporcionar una excusa para ceñirse a ciertos comportamientos por el solo hecho de que puedan ser característicos de un determinado tipo.

El eneagrama contiene nueve tipos y nueve maneras de ver el mundo. Según la teoría del eneagrama, cada individuo tiene un miedo central y un deseo central, correspondientes a un determinado tipo. Esto significa que el miedo y el deseo fundamentales de cada persona determinan cómo actúa, cómo responde y cómo interactúa con el mundo.

Los profesores y los investigadores del eneagrama están de acuerdo en que pertenecemos a un tipo concreto desde muy corta edad, y también coinciden en que este tipo no viene determinado por el entorno; es innato; no es fruto de la educación y la crianza. Esto significa que podemos tener hermanos que crezcan en el mismo entorno que nosotros y tengan unas experiencias similares a las nuestras cuyos tipos, sin embargo, sean totalmente diferentes del nuestro y entre sí. Nuestro tipo lo determina quiénes somos, no lo que hemos experimentado. A través del eneagrama deberíamos ser capaces de echar un vistazo a nuestra infancia y ver que nuestras motivaciones para hacer ciertas cosas siempre estuvieron ahí. Por supuesto, pueden presentarse experiencias vitales y traumas que nos hagan reaccionar de maneras no características, lo cual puede confundirnos mucho. Estas respuestas al trauma se llaman *mecanismos de afrontamiento* y no tienen por qué reflejar nuestras motivaciones. El eneatipo no puede cambiar y no fluctúa según la etapa de la vida en la que nos encontremos. Lo que sí cambia es la forma en que interactuamos con esta información y cómo la utilizamos.

Existen muchos nombres para los nueve eneatipos. Diré más al respecto en el capítulo dos, una vez que hayas respondido el cuestionario de autoevaluación. Los nombres que empleo yo son los que determinó el Enneagram Institute, creado en la década de 1990 por Don Richard Riso y Russ Hudson con el fin de estudiar todos los componentes del eneagrama. Si bien los nombres de cada eneatipo dan pistas sobre las características de estos, es importante comprender la profundidad de este sistema.

LA ESTRUCTURA DEL ENEAGRAMA

A primera vista, el símbolo del eneagrama puede descon-
certarnos. ¿Qué significa y cómo hay que interpretarlo? La
palabra *eneagrama* proviene del griego, en que *ennea* significa 'nueve' y *gram* significa 'dibujo' o 'diagrama'. El eneagrama es un símbolo que contiene varias formas y líneas.
Vamos a explorar qué quieren decir y a ver algunos términos comunes asociados con el eneagrama.

Círculo

Los nueve tipos, representados por los números correspondientes, están dispuestos en un círculo. Esta distribución es
intencionada; representa el hecho de que todos los eneatipos están conectados entre sí. El círculo pretende encarnar
la unidad y la igualdad entre los distintos tipos. Todos veni-
mos del mismo lugar; todos vivimos en el mismo entorno;
todos somos uno y estamos conectados.

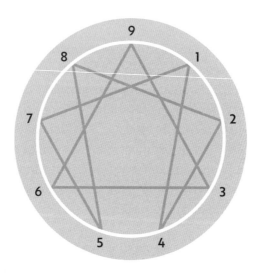

Números

Los nueve números dispuestos en el círculo representan los tipos de personalidad. Cada uno de ellos se caracteriza por un miedo, un deseo y una motivación fundamentales, así como por unos comportamientos, unas formas de ser y unas maneras de ver el mundo prototípicos. Las personas tendemos a tener rasgos de los nueve tipos; sin embargo, nuestra motivación corresponde solamente a una personalidad del eneagrama. Ese es nuestro eneatipo.

Triángulo

En el centro del símbolo del eneagrama hay un triángulo equilátero, cuyas líneas conectan los tipos 3, 6 y 9. Este triángulo es un espacio intermedio para todos los tipos, además de que representa cada uno de los centros del eneagrama, o tríadas, las cuales exploraremos en el capítulo dos. Los vértices del triángulo también indican un espacio intermedio para cada uno de los centros.

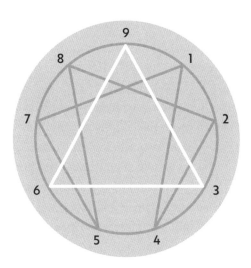

Hexada

Este símbolo conecta el resto de los eneatipos, indicando así que también están conectados. Asimismo, representa el hecho de que si bien nuestra motivación siempre será la de nuestro eneatipo principal, a menudo incorporamos rasgos de otros eneatipos, sobre todo en momentos o períodos de crecimiento o estrés.

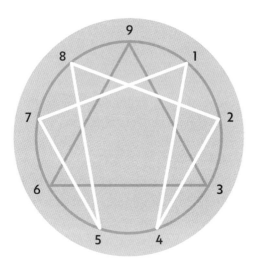

LAS ALAS

Las alas son los números que hay a cada uno de los lados de nuestro eneatipo principal. Un error común es considerar que un ala es la segunda puntuación más alta que obtenemos al responder un test de eneagrama. Esto podría ser así, pero solo si este segundo número está al lado del que corresponde a nuestro eneatipo principal. No somos nuestro eneatipo solamente; también tenemos la capacidad de acceder a los rasgos de personalidad de nuestras alas. La diferencia que hay entre el eneatipo principal y las alas es que nuestra motivación principal siempre será la de nuestro eneatipo. Esto no nos impide asumir algunos de los rasgos de comportamiento de nuestras alas.

En la mayoría de las personas, un ala es más fuerte que la otra. Por ejemplo, mi eneatipo es el 2, y el 3 es mi ala fuerte. Esto no significa que no acceda nunca a la otra ala (el eneatipo 1). Solo significa que mi ala correspondiente al eneatipo 3 está más desarrollada. Algunos no se identifican con ninguna de las características de sus alas. En parte, conocernos a nosotros mismos consiste en ser capaces de incorporar características de las alas a nuestro eneatipo principal.

A lo largo de la vida, no tiene por qué mantenerse siempre fuerte la misma ala. Nuestro eneatipo principal no cambiará nunca, pero el ala principal puede ir alternando, siempre entre los eneatipos contiguos al principal. También podemos sentir que nos apoyamos más en una de las alas durante un período específico de nuestra vida, según las experiencias vitales que tengamos o lo que esté sucediendo.

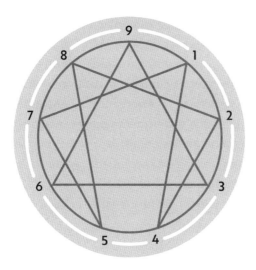

LOS PUNTOS DE ESTRÉS Y SEGURIDAD

Cada eneatipo tiene dos líneas que van a parar a determinados lugares. En realidad, estas líneas son flechas que conducen a otros tipos, que son el punto de estrés y el punto de seguridad del eneatipo en cuestión.

El punto de seguridad es la dirección en la que se mueve nuestro eneatipo principal cuando tenemos salud o seguridad en nuestra vida. Gozamos de verdadera autoconciencia y tenemos un sentimiento de realización; nos convertimos en la mejor versión de nosotros mismos. Ahí es donde queremos estar. Normalmente, incorporamos las características saludables de nuestro punto de seguridad. Por ejemplo, el eneatipo 9 asume las cualidades saludables del eneatipo 3 cuando se siente más seguro, lo cual puede implicar que la persona se sienta más motivada y desee triunfar.

El punto de estrés es la dirección en la que se mueve nuestro eneatipo principal cuando estamos estresados o en una posición no saludable. Lo que experimentamos puede parecernos poco familiar y ajeno, como si esa no fuera nuestra forma natural de ser y reaccionar. Normalmente, incorporamos las características no saludables de nuestro punto de estrés. Por ejemplo, cuando el eneatipo 9 está estresado, asume características no saludables del eneatipo 6, lo cual puede implicar que experimente mayor inseguridad y preocupación, y que piense en los peores escenarios posibles. Si tenemos este tipo de conocimiento y en esos momentos difíciles recordamos cuál es nuestra tendencia, ello podrá ayudarnos a no llegar hasta el final de la línea de estrés.

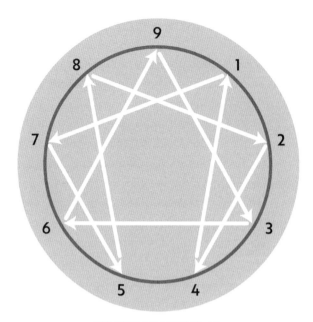

PUNTOS DE SEGURIDAD

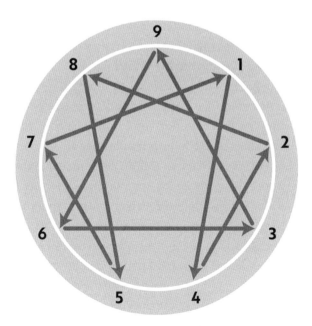

PUNTOS DE ESTRÉS

NIVELES DE DESARROLLO

Me he referido a unas pocas características saludables y no saludables de los eneatipos. De hecho, todos ellos presentan tres niveles de desarrollo: saludable, medio y no saludable. Estos niveles tienen que ver con el punto en el que nos encontramos y con nuestra sensación general de bienestar emocional, y normalmente coinciden con los comportamientos saludables y no saludables.

Es importante recordar que el eneatipo lo determina lo que nos motiva a hacer aquello que hacemos. Los niveles de desarrollo consisten en determinados comportamientos que se corresponden con cada eneatipo. Cuando un eneatipo se encuentra en un buen punto, se considera que está en el nivel *saludable*; en este, la persona siente que es libre de expresarse a través de un amplio abanico de comportamientos. La mayoría de la gente se encuentra en el nivel de desarrollo *medio*. En este caso, nos hallamos en un punto neutro, en el que estamos más centrados en nuestra identidad y en la manera en que nos ven los demás. Cuando no estamos en nuestro mejor momento, nos encontramos en el nivel de desarrollo *no saludable*. Entonces tendemos a vernos de manera diferente de como nos ven los demás; no estamos en absoluto conectados con nuestra identidad.

Los comportamientos saludables y no saludables son un concepto diferente de los comportamientos asociados a las líneas de estrés y seguridad. Los comportamientos de la línea de estrés son los que tienden a adoptar los distintos eneatipos cuando pasan por períodos estresantes. Por ejemplo, una persona de eneatipo 2 podría caer en la agresividad, la cual es más característica del eneatipo 8. Esta persona podría encontrarse en el nivel saludable, pero ese momento de tensión la llevó a conectar con la línea de estrés. La seguridad se muestra de manera diferente; también tiene que ver con las situaciones, como cuando vivimos un momento o una experiencia en un buen lugar o cuando nos sentimos seguros en cuanto a quienes somos. Podemos encarnar una versión saludable de nuestro eneatipo pero no sentirnos seguros o no encontrarnos en un momento de crecimiento.

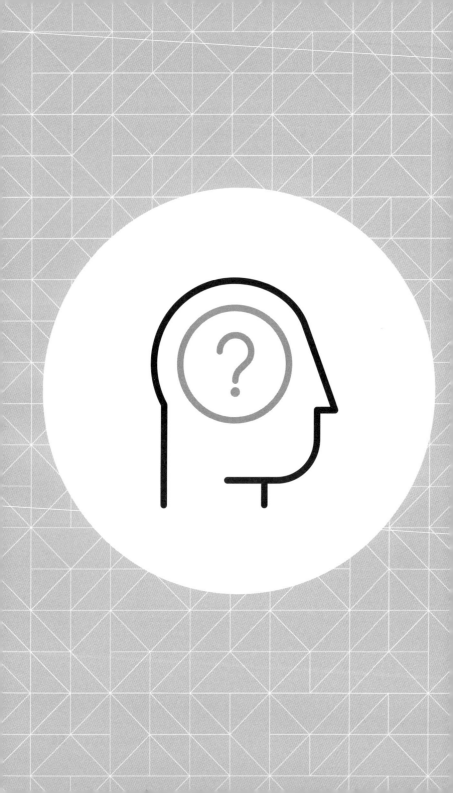

CAPÍTULO 2

Descubre cuál es tu eneatipo

EL TEST DEL ENEAGRAMA

Podemos encontrar muchos test destinados a ayudarnos a determinar cuál es nuestro eneatipo principal. Algunos incluso nos indican cuál es nuestra ala más fuerte. Muchos cuestionarios del eneagrama son muy buenos en lo que a evaluación de comportamientos se refiere; sin embargo, como ya sabemos, la base del eneatipo son las motivaciones, no los comportamientos. Además, como mencionaba en el capítulo uno, a menudo procuramos que las respuestas se correspondan con las maneras en que queremos que nos perciban los otros. El mejor modo de averiguar cuál es el propio eneatipo consiste en mirar cuáles son los miedos y motivaciones fundamentales de cada uno de ellos y ver con cuáles nos identificamos. Los cuestionarios están muy bien como punto de partida, pero solo son el principio del proceso de descubrimiento de quiénes somos y quiénes podemos ser.

AUTOEVALUACIÓN PARA DETERMINAR TU ENEATIPO

Empecemos con una autoevaluación. Si bien no se trata de un test de eneagrama «oficial», debería proporcionarte un muy buen punto de partida para reconocer las motivaciones que más tengan que ver contigo.

Empieza por leer la información relativa a todos los eneatipos. En cada uno incluyo tres afirmaciones que puedes marcar para hacer el seguimiento de los rasgos con los que más te identifiques. A medida que avances, mantente reflexivo y con la mente abierta a lo largo del proceso. No te limites a pensar en cómo es tu vida ahora mismo; reflexiona sobre tu infancia y tu vida como un todo. Recuerda que incluso si has experimentado sucesos o situaciones vitales traumáticos, tus motivaciones a la hora de actuar deberían haber permanecido intactas durante toda tu vida. Para efectuar una evaluación adecuada, piensa en serio en las razones por las que haces lo que haces: estas son las motivaciones que subyacen a tus comportamientos y actos. Ten cuidado de no elegir una posibilidad por el hecho de que quieras ser ese tipo de persona. Sé tan honesto como puedas contigo mismo.

Cuando hayas leído la información relativa a cada eneatipo, repasa cuáles son aquellos en los que has puesto más marcas de verificación. Si tienes varios «empatados» con la puntuación máxima, examínalos con mayor detenimiento hasta elegir uno, aquel con el que más te identifiques. Ese es tu eneatipo.

ENEATIPO 1:

Eres una persona ética y concienzuda; sientes una gran necesidad de mejorarte a ti mismo y mejorar a los demás. Cuentas con un conjunto de ideales y valores que son importantes para ti, y quieres que los demás hagan lo correcto. Los demás saben que eres alguien organizado y que genera orden, y mantienes unas expectativas altas en relación contigo mismo y con otras personas. Problemas que podrías tener son que caes en el resentimiento y la crítica si los demás hacen las cosas de maneras diferentes de como las haces tú. Cuando manifiestas tu mejor versión eres alguien inspirador, sabio y con principios. Quieres ser una persona buena, íntegra y equilibrada. La justicia es importante para ti. Temes que te vean como un individuo malo, corrupto o equivocado.

☐ Insatisfecho con el *statu quo*, sientes que depende de ti mejorarlo todo.

☐ Temeroso de cometer un error, deseas que todo se corresponda con tus ideales.

☐ Eres impaciente y nunca estás satisfecho a menos que las cosas se hagan «como debe ser».

ENEATIPO 2:

Afectuoso y centrado en las relaciones, tiendes a no tener en cuenta tus propias necesidades y sentimientos para servir a los demás. Quieres que los demás se sientan amados y necesarios, y los problemas que podrías tener son que anhelas complacer a los demás y que te cuesta decir que no. Cuando manifiestas tu mejor versión eres alguien paciente, altruista e indulgente. Quieres ser una persona amada, querida, necesitada y valorada por tus buenas obras y lo que haces por otros. Temes no merecer que te amen y te cuiden. Procuras mejorar la vida de los demás estando siempre ahí para ellos. Para ti es importante gustar y que te acepten, pero también mitigar los problemas del mundo.

☐ Ayudar a los demás te proporciona un sentimiento de propósito.

☐ Percibes que sabes instintivamente qué necesitan de ti las otras personas y cómo se sienten.

☐ Desearías que los demás supieran qué es lo que necesitas en lugar de tener que decírselo, porque sientes que esto demostraría que se preocupan por ti.

ENEATIPO 3:

Ambicioso y centrado en los resultados, tiendes a alentar a los demás a que den lo mejor de sí. Problemas que podrías tener son que estás demasiado centrado en las apariencias o que adaptas tu personalidad según con quien estás. Cuando manifiestas tu mejor versión eres alguien competente, entusiasta y talentoso. Quieres ser aceptado, valorado y respetado por tu trabajo, y tener éxito. Temes el fracaso y sentirte inútil. Es fácil que pienses que eres lo que haces. Te esfuerzas para que te aplaudan por tus éxitos y quieres aplaudir a otras personas también. Para ti es importante ser el mejor en lo que haces y que te acepten por lo que eres.

☐ Quieres recibir elogios por tus éxitos.

☐ Tiendes a dejar de lado las emociones porque podrían interponerse en el camino hacia lo que quieres.

☐ Tiendes a trabajar demasiado y corres el riesgo de padecer el síndrome del trabajador quemado.

ENEATIPO 4:

Creativo y enfocado en la estética, tiendes a alentar la autenticidad y la expresión personal, tanto en el ámbito físico como en el emocional. Problemas que podrías tener son que te comparas con los demás, que eres extremadamente sensible a las críticas y que te ven como alguien ensimismado. Cuando manifiestas tu mejor versión eres alguien empático, atento y muy capaz de intuir los sentimientos de los demás. Quieres tener un impacto significativo y una identidad única que te permita sentir realmente que eres tú mismo. Temes que te vean como alguien defectuoso, como si hubiese algo en ti que no estuviese bien, o no tener ningún tipo de identidad. Te esfuerzas por ver siempre belleza en todo y por tener solamente conexiones profundas y significativas con los demás. Para ti es importante que realmente te vean, te escuchen y te comprendan.

- ☐ Te gusta sentarte con tu tristeza y no siempre quieres que te animen.
- ☐ Siempre buscas establecer conexiones profundas y tener experiencias significativas.
- ☐ A menudo te comparas a ti mismo con los demás o comparas lo que tienes (o lo que no tienes) con lo que tienen (o lo que no tienen) otras personas.

ENEATIPO 5:

Independiente y enfocado en el intelecto, tiendes a aprender todo lo que haya que aprender sobre un determinado tema. Puedes encontrarte con que dedicas más tiempo a observar la vida que a participar plenamente en ella. Problemas que podrías tener son que te ven como un individuo arrogante, retraído o tacaño con tu tiempo y tus recursos. Cuando manifiestas tu mejor versión eres alguien en quien se puede confiar, comprensivo y objetivo. Asesoras muy bien a los demás y eres verdaderamente autosuficiente. Quieres ser una persona experta y competente. Temes ser incapaz de hacer algo en concreto y quedarte sin energía. Siempre te estás esforzando por comprender el mundo y a todos sus habitantes. Para ti es importante que los demás respeten los límites que pones.

☐ Te sientes con más energía cuando pasas tiempo solo.

☐ Cuando te interesa algo, quieres saber todo sobre ese tema.

☐ Te haces a un lado y observas; a menudo encuentras que esto es más cómodo que participar en actividades.

ENEATIPO 6:

Atento a la comunidad y enfocado en la estabilidad, tiendes a estar siempre preparado y pensar muy bien las cosas. Problemas que podrías tener son que piensas en los peores escenarios posibles o que eres presa de la ansiedad o el pesimismo. Cuando manifiestas tu mejor versión eres alguien valiente, responsable y con un gran sentido del humor. Quieres que tu entorno y las personas que te rodean te proporcionen apoyo, orientación y seguridad. El eneatipo 6 prototípico le tiene miedo al miedo mismo y también teme que lo dejen solo y deje de contar con apoyo, orientación o seguridad. Procuras tener siempre un plan por lo que podría pasar y estar preparado para lo que sea que se interponga en tu camino. Para ti es importante que los demás se comprometan.

- ☐ Piensas a menudo en lo que podría salir mal y planificas en función de ello.
- ☐ Te cuesta confiar en los demás, si bien la confianza es muy importante para ti.
- ☐ Eres inseguro y a menudo te cuestionas tus propias decisiones y acciones.

ENEATIPO 7:

Flexible y amante de la diversión, tiendes a ver el mundo como una oportunidad de tener aventuras y experiencias nuevas. Problemas que podrías tener son que eres impaciente e impulsivo y que a veces eres incapaz de concentrarte. Cuando manifiestas tu mejor versión eres una persona creativa, práctica y aventurera. Quieres tener libertad, pero en última instancia quieres sentirte feliz y satisfecho. Temes perderte experiencias y sobre todo quedar atrapado en el dolor emocional o tener que lidiar con la negatividad. Te esfuerzas por no verte nunca limitado y por conservar tu independencia. Para ti es importante forjar relaciones significativas con otras personas y ser siempre optimista.

- ☐ A menudo ves el mundo a través de gafas de color rosa.
- ☐ Las personas acuden a ti para que las animes o para que las ayudes a ver el lado bueno de alguna situación.
- ☐ Eres incapaz de estar sentado quieto, porque siempre quieres pasar a lo siguiente.

ENEATIPO 8:

Decidido y enfocado en autoprotegerte y proteger a los demás, tiendes a defender a otras personas y a alentar a los perdedores y los desvalidos. Problemas que podrías tener son que te enojas con facilidad y que eres beligerante y autoritario. Cuando manifiestas tu mejor versión eres alguien influyente, decidido y apasionado. También eres muy honesto, incluso cuando la verdad duele. Quieres ser capaz de controlar tu situación y tu entorno y decidir tú mismo los próximos pasos. Temes que te vean como alguien débil o que otras personas te controlen o te hagan daño. Te esfuerzas por evitar la vulnerabilidad porque podría percibirse como debilidad. Para ti es importante combatir las injusticias y proteger a los vulnerables.

- ☐ Tienes la capacidad de tomar decisiones con rapidez, sin pensarlo demasiado.
- ☐ Te sientes a gusto debatiendo y lidiando con el conflicto.
- ☐ Querrías que los demás pudiesen defenderse por sí mismos como haces tú.

ENEATIPO 9:

Paciente y enfocado en asegurarte de que todo el mundo está bien, tiendes a fluir y ofrecer tu punto de vista sin recurrir a la crítica. Problemas que podrías tener son que te cuesta tomar decisiones, no te manifiestas cuando tienes un pensamiento o una opinión, o eres pasivo-agresivo. Cuando expresas tu mejor versión eres una persona amable, generosa y que comunica abiertamente sus sentimientos. Quieres conservar tu paz interior y tu estabilidad. Le temes mucho al conflicto, pero esto se debe a que temes perder a las personas cercanas o que te abandonen. Te esfuerzas por ver todas las facetas de las situaciones y por estar abierto y aceptar a todo el mundo. Para ti es importante tomarte tiempo para relajarte y enfocarte en cultivar relaciones significativas.

- [ ] Normalmente dejas que los demás decidan qué quieren hacer o adónde quieren ir.
- [ ] A menudo desearías poder escapar a un lugar o una realidad más apacible.
- [ ] Los demás suelen verte como alguien que no juzga y que acepta a las personas.

Los nueve eneatipos

Ahora que has reducido las posibilidades, lee lo siguiente para ver si puedes descubrir cuál es el tuyo. (Mantengo el mismo orden que antes, del eneatipo 1 al 9):

ENEATIPO 1 - EL REFORMADOR: enfocado en ser ético y estar en lo cierto, se asegura de que lo vean como una buena persona y de hacer lo correcto. Tiene muy claro lo que está bien frente a lo que está mal y quiere hacer del mundo un lugar mejor. Es una persona responsable, organizada y concienzuda. Los individuos de eneatipo 1 pueden ser profesores, periodistas o tener algún empleo en que la justicia tenga un papel central.

ENEATIPO 2 - EL AYUDADOR: está centrado en satisfacer las necesidades de los demás cuidando de ellos y siendo generoso con su tiempo y sus recursos. Es una persona empática, con un don para saber qué necesitan los demás y cómo se sienten. Los individuos de eneatipo 2 pueden ser consejeros o trabajadores sociales enfocados en ayudar a otras personas.

ENEATIPO 3 - EL TRIUNFADOR: centrado en el éxito, le encanta ser alguien valioso y capaz de terminar las tareas. Es una persona motivada, optimista, muy trabajadora y orientada a los objetivos. Los individuos de eneatipo 3 pueden ser emprendedores, hombres y mujeres de negocios u otro tipo de profesionales enfocados en tratar de escalar puestos en el ámbito laboral.

ENEATIPO 4 - EL INDIVIDUALISTA: su principal interés es preservar su individualidad y mostrarse auténtico y transparente. Es una persona consciente de sí misma, expresiva, romántica y fiel a sí misma. Los individuos de eneatipo 4 pueden ser diseñadores, artistas o creadores centrados en fomentar experiencias significativas.

ENEATIPO 5 - EL INVESTIGADOR: está centrado en comprender las cosas y proporcionar ideas o conocimientos a los demás. Es una persona bien informada, innovadora y extremadamente reservada. Los individuos de eneatipo 5 pueden ser investigadores, actuarios u otro tipo de profesionales enfocados en dominar un determinado ámbito de negocio o especialidad.

ENEATIPO 6 - EL LEAL: enfocado en la seguridad, quiere preservar el grado de confort que le parece adecuado. Es una persona en la que se puede confiar, cumplidora, fiel y comprometida con todo lo que la rodea. Los individuos de eneatipo 6 pueden ser gestores de proyectos, profesores o periodistas centrados en la organización y apasionados por una causa.

ENEATIPO 7 - EL ENTUSIASTA: su principal interés es tener tantas experiencias como pueda y vivir la vida al máximo. Es una persona activa, alegre, optimista y propensa a entusiasmarse. Los individuos de eneatipo 7 pueden ser publicistas, emprendedores o tener cualquier profesión en la que haya que viajar; probablemente estarán centrados en el entretenimiento y evitarán aquellas profesiones que impliquen permanecer horas sentado.

ENEATIPO 8 - EL DESAFIADOR: está enfocado en autoprotegerse y proteger a los demás y en ser un individuo fuerte. Es una persona honesta, asertiva e independiente, a la que le encanta llevar las riendas. Los individuos de eneatipo 8 pueden ser directores de ventas, activistas o tener cualquier empleo centrado en el liderazgo, el cual persiguen constantemente.

ENEATIPO 9 - EL PACIFICADOR: este eneatipo se centra en mantener un entorno apacible para sí mismo y las personas que lo rodean. Es de trato fácil, adaptable, comprensivo y solidario. Los individuos de eneatipo 9 pueden ser consejeros, directores de recursos humanos o mediadores enfocados en resolver situaciones.

TRES CENTROS

El eneagrama está compuesto por tres centros, conocidos también como *tríadas*: el centro visceral o instintivo, el centro del corazón o del sentimiento y el centro de la cabeza o del pensamiento. Los centros ayudan a explicar la manera en que interactuamos con el mundo y cuál es el origen de nuestro proceso de toma de decisiones. Cada centro contiene tres eneatipos; en estos tres eneatipos se dan unos procesos, percepciones y sentimientos similares. Nuestro eneatipo principal determina cuál es el centro que nos corresponde. Puede muy bien ser que expresemos las características de los otros centros, pero el centro principal en el que nos encontramos constituye nuestra forma natural de ser e interactuar.

- Los eneatipos del centro visceral reciben información a través de sus entrañas o el resto de su cuerpo y responden de forma instintiva a la hora de tomar decisiones o reaccionar.
- Los eneatipos del centro del corazón reciben información a través de este órgano y confían en sus emociones y sentimientos antes de responder.
- Los eneatipos del centro de la cabeza reciben información a través de esta parte del cuerpo y a continuación piensan en el tema antes de responder.

Además, cada centro o tríada aloja una emoción dominante específica:

- El centro visceral experimenta ira en mayor medida que los otros centros, si bien esta se manifiesta de maneras diferentes en los distintos eneatipos perteneciente a este centro.
- La emoción dominante en el centro del corazón es la vergüenza. El eneatipo 2 evita la vergüenza asegurándose de hacer lo suficiente para ayudar a las personas de su alrededor.
- La emoción dominante en los eneatipos del centro de la cabeza es el miedo, si bien cada uno de estos tres tipos le tiene miedo a algo diferente.

Al examinar cómo respondes a la información, cómo tomas decisiones y cuál es tu emoción dominante, puedes estrechar más el cerco alrededor de tu eneatipo, si aún no lo has identificado.

El centro visceral

El centro visceral contiene los eneatipos 8, 9 y 1. Estos eneatipos albergan las características propias de este centro. El
centro visceral también se conoce como *centro instintivo*,
porque los eneatipos que lo integran tienden a actuar primero y pensar o tomar en consideración los sentimientos
después. Normalmente, confían en su «instinto» para que
los conduzca en la buena dirección, lo cual hace que no de-
moren la toma de decisiones. Los eneatipos 8 y 1 se basan
en su instinto para tomar decisiones con rapidez. El 9 también confía en su instinto, pero a menudo esto le conduce a
la indecisión. A los eneatipos de este centro les cuesta comprender que las emociones puedan interferir en la lógica y
la comprensión.

Los eneatipos del centro visceral tienden a tener problemas de ira. La ira se presenta de forma natural en el eneatipo 8, que la expresa sin ningún filtro. El 9 tiende a soterrar

las emociones de ira; aparenta no tenerlas, pero las expresa con comportamientos pasivo-agresivos. El eneatipo 1 considera que no es correcto estar airado, por lo que llama «molestia» o «frustración» al enojo que experimenta.

El centro del corazón

El centro del corazón contiene los eneatipos 2, 3 y 4. Todos ellos tienen en común unas características que tienen que ver con el corazón o los sentimientos. Estos eneatipos reciben información a través del corazón y toman en consideración cómo se sienten respecto a los asuntos antes de responder o tomar decisiones. Están más sintonizados con sus emociones que los demás. Se sirven de sus sentimientos y emociones para determinar cómo relacionarse con el mundo que los rodea y lo que debe hacerse.

El complejo de inferioridad es relevante en todos los eneatipos del centro del corazón. En el eneatipo 2 el complejo está asociado a la duda sobre si está haciendo lo suficiente por los demás. En el caso del 3 tiene que ver con el nivel de sus logros. El 4 lidia con un sentimiento de inferioridad generalizado. Todos los eneatipos de la tríada del corazón buscan que sus experiencias sean significativas y tengan un sentido. Les cuesta comprender a las personas que no son emocionales y no están conectadas con sus sentimientos y a las que actúan instintivamente, sin considerar antes cómo se sienten en relación con ello. También pueden sentirse frustrados con aquellos que le dan tantas vueltas mentales a todo que se pierden las experiencias que tienen a su alcance.

El centro de la cabeza

El centro de la cabeza contiene los eneatipos 5, 6 y 7. Estos eneatipos tienen en común unas características que tienen que ver con la cabeza o el pensamiento. Los tres reciben información por la vía mental y dedican tiempo a pensar en ello antes de responder. Es característico de ellos pasar más tiempo en su cabeza que los otros eneatipos. Piensan mucho en los asuntos, procesan lo que está ocurriendo y prevén lo que podría suceder.

Los eneatipos del centro de la cabeza suelen experimentar ansiedad, aunque no necesariamente lo reconocen; puede muy bien ser que piensen que todo lo que están haciendo es planificar y prepararse. El eneatipo 5 experimenta ansiedad porque teme quedarse sin recursos. El 6 suele experimentarla a causa de su necesidad de prever cualquier escenario. El eneatipo 7 tiende a soterrar la ansiedad y actuar como si no estuviera ahí. Los tres buscan la seguridad y confían en su cabeza para tomar decisiones. Les cuesta comprender cómo puede haber gente que no pase tiempo pensando o procesando información antes de tomar decisiones. Tampoco entienden que haya quienes puedan confiar más en sus emociones y sentimientos que en su cabeza.

SEGUNDA PARTE

Los eneatipos

En esta parte nos sumergiremos más profundamente en cada uno de los eneatipos. Hablaremos de sus comportamientos típicos, de lo que motiva estos comportamientos y de cómo se relacionan con los otros eneatipos en los ámbitos familiar y laboral y en los vínculos románticos y de amistad. También veremos cómo y cuándo es probable que cada uno de ellos prospere o tenga dificultades.

Los comportamientos que se indican para cada eneatipo son los prototípicos, es decir, los más habituales que manifiestan cuando actúan sobre la base de sus motivaciones. Es importante tener en cuenta que estas descripciones no son de aplicación general, ya que cada individuo actúa a partir de su historia, su contexto y sus relaciones. El objetivo no es hacer que encajemos en moldes, sino proporcionar una visión amplia de la conexión existente entre la motivación, los comportamientos y nuestra manera de relacionarnos.

El reformador

CÓMO ACTÚAN LOS REFORMADORES

El eneatipo 1, el reformador, es conocido por su profundo sentimiento de lo que es correcto e incorrecto y porque siempre procura tener el comportamiento más ético y moral posible. Para los reformadores es muy importante seguir las reglas, pero solo si tienen sentido para ellos. Esto tiene más que ver con que quieren estar seguros de estar haciendo lo correcto. Se los conoce por la atención que prestan a los detalles y a la organización, ya que les parece que esta es la actitud apropiada. Se autoimponen un alto nivel y unas expectativas elevadas y esperan esto mismo de los demás, puesto que piensan que el resto de las personas también deberían estar enfocadas en hacer lo correcto.

MOTIVACIONES

Los individuos de eneatipo 1 están motivados por el deseo de ser buenos, éticos, morales y correctos. Quieren que los vean como buenas personas y tener un impacto en el mundo. Puesto que ese es su mayor deseo, lo reflejan en sus comportamientos al valorar la justicia y la honestidad. A los individuos de este eneatipo también los motiva el miedo a ser malos, corruptos o inmorales. Quieren asegurarse de que los demás no los vean como malas personas. También tratan de estar seguros de estar siempre en lo cierto, es decir, de hacer, decir y responder lo correcto en cualquier situación. También los motiva el miedo a estar equivocados; pueden pasarlo muy mal cuando tienen que admitir que no tenían razón.

Reformadores famosos

En realidad no sabemos qué motiva a los demás, por lo que esta propuesta de personajes tiene como base la mera observación. Espero que estas conjeturas te ayuden a determinar cuál es tu eneatipo.

- ☆ Tina Fey
- ☆ Mahatma Gandhi
- ☆ Nelson Mandela
- ☆ Kate Middleton
- ☆ «Mary Poppins»
- ☆ Martha Stewart

EL PUNTO DE ESTRÉS Y EL DE SEGURIDAD

El símbolo del eneagrama muestra los otros números a los que está conectado cada eneatipo. Se los llama puntos de estrés y de seguridad porque a menudo nos acercamos a las características de estos eneatipos en momentos o períodos de estrés o seguridad. Si bien podemos incorporar todos los aspectos de los eneatipos con los que estamos conectados, normalmente manifestamos las características negativas de nuestro punto de estrés y las cualidades positivas de nuestro punto de seguridad. Para el eneatipo 1, el punto de estrés es el eneatipo 4, el individualista, y el punto de seguridad es el eneatipo 7, el entusiasta.

Los individuos de eneatipo 1 suelen estresarse cuando no están al nivel de sus propias expectativas, cuando sienten que son las únicas personas responsables y cuando están perdiendo el control de una situación. Cuando está estresado, el eneatipo 1 muestra algunos de los aspectos negativos del 4, como el retraimiento y el agobio emocional. También puede empezar a pensar que nadie lo comprende o que nadie entiende lo que está experimentando.

Cuando se encuentran en un estado de crecimiento o seguridad, los individuos de eneatipo 1 asumen las cualidades positivas del eneatipo 7. Rígidos por naturaleza, pasan a sentirse más aventureros y despreocupados; deja de preocuparles tanto la posibilidad de cometer errores y pasan a ver el vaso medio lleno en lugar de verlo medio vacío.

LAS ALAS

Las alas están ubicadas a ambos lados del eneatipo principal, por lo que las del eneatipo 1 son el 9, el pacificador, y el 2, el ayudador. En la mayoría de las personas, una de las alas tiene más peso que la otra.

El 1 que tiene fuerte el ala 9 es llamado *el idealista*. Prototípicamente, está más enfocado en mantener la paz. Puede ser que sea más amable, que hable con mayor suavidad y que no sea tan dogmático como el 1 típico. También tiende a importarle menos lo que piensen de él o ella los demás que al eneatipo 1 que tiene fuerte el ala 2. Esto es así porque el 1 cuya ala fuerte es el 9 está menos sintonizado con sus emociones. Además, puede ser que evite el conflicto y la confrontación en mayor medida que el 1 típico.

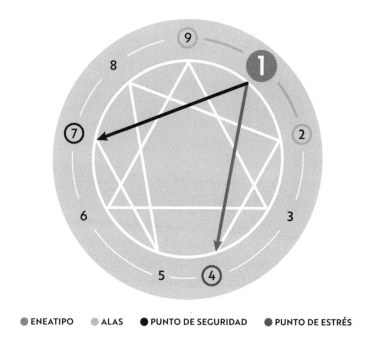

● ENEATIPO   ● ALAS   ● PUNTO DE SEGURIDAD   ● PUNTO DE ESTRÉS

El eneatipo 1 que tiene fuerte el ala 2 es llamado *el intercesor*. Está más enfocado en las relaciones y en satisfacer las necesidades de los demás; por lo tanto, tiene un carácter más abierto y sociable que los otros 1. Este tipo de 1 también es más autocrítico y puede sentir que necesita esforzarse más para que lo vean como una buena persona, debido a la conexión del eneatipo 2 con el complejo de inferioridad. El 1 cuya ala fuerte es la 2 es más capaz de ver los problemas y solucionarlos.

LO QUE LES RESULTA FÁCIL A LOS REFORMADORES

A causa de su deseo de hacer bien las cosas, los reformadores típicos se centran en terminar las tareas y en trabajar duro para alcanzar cualquier objetivo que se propongan. Normalmente les resulta fácil estructurar, diseñar planes y prestar atención a los detalles, capacidades que suelen conducir a lograr objetivos. Al eneatipo 1 también se le da bien asegurarse de no comprometer su propia reputación a causa de otros. Tiene unos criterios y unas expectativas elevados, y procura darlos a conocer a los demás. De forma natural, es capaz de generar orden a partir del caos y de los desastres.

LO QUE LES CUESTA A LOS REFORMADORES

Los individuos de eneatipo 1 son críticos consigo mismos y con los demás. Todas las personas de este eneatipo con las que hablo me cuentan que tienen un crítico interior que les dice que necesitan ser mejores, hacerlo mejor y mejorarse a sí mismas de alguna manera. Al eneatipo 1 suele sorprenderle mucho enterarse de que los otros eneatipos no tienen este mismo crítico interior.

Como suelen ser críticos con los demás, los individuos de eneatipo 1 sienten que son los únicos que pueden hacer algo de la forma «correcta». Por esta razón, los demás pueden tener miedo de ayudarlos con algo, lo que a su vez perpetúa la sensación que tienen de que todo recae sobre ellos, lo cual termina por abrumarlos.

COMPORTAMIENTOS SALUDABLES

El empeño del eneatipo 1 en hacer lo correcto tiende a conducir a comportamientos que alientan la justicia, el orden y la productividad. Esta actitud también hace que el 1 actúe responsablemente y fomente el sentido de la responsabilidad en los demás. Cuando se encuentran en un buen espacio emocional, los individuos de eneatipo 1 sueltan la necesidad de ser perfectos y aceptan la vida tal como viene. Se perdonan a sí mismos y perdonan. De este modo, inspiran a los demás a ser la mejor versión de sí mismos, teniendo en cuenta que la perfección es algo inalcanzable. Sueltan el control y confían en el proceso; no se muestran tan duros consigo mismos ni con el resto.

COMPORTAMIENTOS NO SALUDABLES

El eneatipo 1 puede tener tendencia a ser demasiado crítico y propenso al juicio, no solo hacia los demás, sino también hacia sí mismo. Puede centrarse tanto en el error que sea incapaz de ver más allá de este. Siente que tiene que esforzarse por ser perfecto, por llegar a ser algo que es, en última instancia, inalcanzable. Los individuos de este eneatipo pueden quedar atrapados en la rutina y lo establecido cuando se obsesionan con los «debería»: «deberían» hacer tal cosa, «deberían» ser mejores, «no deberían» haber hecho tal otra cosa... Algunas personas de eneatipo 1 pueden estar supervisándose siempre a sí mismas y hacer esto mismo con los demás, debido a su necesidad de mantener el control.

VIDA LABORAL

Los individuos de eneatipo 1 son responsables, muy trabajadores y honestos. Como en otras áreas de su vida, en el lugar de trabajo se ponen el listón alto y tienen expectativas elevadas respecto a sí mismos, y adoptan esta misma actitud hacia los demás. Les puede resultar difícil participar en proyectos grupales, porque a menudo piensan que son los únicos lo bastante responsables como para hacer el trabajo o los únicos que pueden hacer las cosas bien. El eneatipo 1 trabaja en un proyecto dado hasta que responde exactamente a sus expectativas. No toma atajos para hacer el trabajo más rápido, porque no quiere cometer errores. Hace lo que sea que tenga que hacer para entregar un trabajo del nivel de calidad que él esperaría recibir por parte de otras personas. Cuando estés trabajando con alguien de eneatipo 1 observa la cantidad de tarea que tiene en su bandeja y ofrécete a ayudarlo. Puede ser que desestime tu ofrecimiento, pero recordar a los individuos de este eneatipo que hay otras personas dispuestas a ayudar y a asumir responsabilidades puede hacer que se sientan más seguros.

VIDA FAMILIAR

El eneatipo 1 es muchas veces el pegamento que mantiene cohesionada la unidad familiar. Esto es así debido a la capacidad que tiene de generar orden, mantener a todos y todo organizado y conservar la estructura. Es característico de este eneatipo valorar la vida familiar y las conexiones dentro de la unidad familiar, pero puede sentirse abrumado al asumir toda la responsabilidad. Como padres, los individuos de eneatipo 1 se enfocan en enseñar a sus hijos lo que está bien y lo que está mal y a ser seres humanos responsables. Como hermanos, suelen ser los líderes a los que les gusta tomar las decisiones y estar al mando. Sus hermanos u otros familiares de edad similar suelen tomarlos como referencia en el aspecto moral. Los individuos de eneatipo 1 pueden sentirse frustrados con los familiares que no valoran lo mismo que ellos y manifiestan sus críticas con mayor libertad debido a la cercanía propia de las relaciones familiares. Si tienes un familiar de eneatipo 1, anímalo a hacer cosas que le gusten en lugar de actividades que consideren como un *deber*.

RELACIONES

Los individuos de eneatipo 1 suelen sentirse atraídos por personas que tengan los mismos valores, principios éticos y creencias que ellos o ellas, a causa de la importancia que dan a estas cuestiones. No transigirán en sus creencias para hacer que el otro se sienta a gusto. Los de eneatipo 1 deben tener cuidado con lo que esperan de sus compañeros y amigos, ya que pueden sentirse resentidos si aquellos a quienes quieren no cumplen sus expectativas. El eneatipo 1 es un compañero romántico magnífico a causa de su disposición a luchar por aquello en lo que cree, su entrega a la relación y su necesidad de que imperen la verdad y la honestidad.

En el área de la amistad, uno siempre sabe qué terreno está pisando con los individuos de este eneatipo. Son constantes, dignos de confianza y reservan tiempo para sus amigos. Siempre están ahí y están dispuestos a ayudar. Ahora bien, tienen que estar atentos a los juicios –aunque no sean malintecionados– que dedican a sus amigos cuando estos hacen las cosas de una manera diferente. A la vez, sus amigos tienen que recordarles a ellos que son perfectos tal como son.

LOS REFORMADORES Y LOS OTROS ENEATIPOS

Una de las preguntas que más me hacen es: «¿Cuál es el eneatipo con el que me llevaría mejor?». Todos tenemos unos puntos fuertes y unos aspectos mejorables diferentes en lo relativo a nuestras interacciones con los otros eneatipos. El 1 tiende a llevarse bien con los otros eneatipos debido a su carácter decidido y su atención al detalle; estas actitudes pueden equilibrar algunas de las relaciones. Se exponen a continuación algunas dinámicas que pueden verse en las relaciones con las personas de eneatipo 1.

CON EL ENEATIPO 1:

Los individuos de eneatipo 1 pueden llevarse realmente bien con otras personas de su mismo eneatipo, porque pueden comprender claramente sus motivaciones respectivas. Coinciden en la importancia que dan a los valores, la moral y la ética, y les gusta planificar y seguir una rutina. El problema pueden ser las expectativas elevadas que alberguen el uno respecto del otro.

CON EL ENEATIPO 2:

El eneatipo 2 se lleva bien con el 1 porque tienen puntos de vista coincidentes sobre las relaciones y la conexión. Pero el 2 puede experimentar resentimiento si el 1 no satisface sus necesidades.

CON EL ENEATIPO 3:

El eneatipo 3 y el eneatipo 1 pueden parecer similares porque a ambos se les da bien dedicarse a las tareas hasta el final y porque ambos apuntan a tener éxito. Sin embargo, estos dos eneatipos pueden soterrar emociones y sentimientos, lo cual puede conducir a situaciones en las que no se resuelva nada.

CON EL ENEATIPO 4:

Pueden comprenderse mutuamente a veces, ya que están conectados en el eneagrama: el eneatipo 1 adopta comportamientos del eneatipo 4 cuando está estresado. Ambos valoran la autosuperación y pretenden tener un impacto. Pero el eneatipo 4 es muy sensible a las críticas y puede sentirse ofendido por los comentarios honestos del eneatipo 1.

CON EL ENEATIPO 5:

El eneatipo 1 y el 5 se llevan bien porque a ambos se les da genial establecer límites y respetar los límites de los demás. Sin embargo, pueden ser críticos a veces y pueden pasar por alto sus propias emociones.

CON EL ENEATIPO 6:

Los individuos de eneatipo 1 y de eneatipo 6 tienden a comprenderse mutuamente porque ambos son personas leales y comprometidas, con unos valores y unas creencias fuertes. Ambos pueden pasarlo mal debido al alto grado de responsabilidad que asumen y también lo pasan mal si las cosas no van como quieren.

CON EL ENEATIPO 7:

Estos dos eneatipos también están conectados en el eneagrama, por lo que comparten algunos puntos. Recuerda que el eneatipo 1 adopta comportamientos del eneatipo 7 cuando se siente seguro. El 7 ayuda al 1 a ser más despreocupado, mientras que el 1 ayuda al 7 a ser más organizado. Pero el eneatipo 1 puede impacientarse con el 7 y viceversa, debido a que suelen valorar cosas diferentes.

CON EL ENEATIPO 8:

Estos dos eneatipos parecen similares, porque ambos pueden ser dogmáticos y tener una gran fuerza de voluntad. Se llevan bien cuando entienden la actitud protectora y la pasión por la justicia del otro, pero pueden enzarzarse en luchas de poder, sobre todo cuando ambos quieren estar al mando.

CON EL ENEATIPO 9:

Tanto el eneatipo 1 como el 9 valoran la comodidad y la rutina diaria. Les gusta participar en lo que les resulta familiar. Esta combinación puede desembocar en conflictos si el 1 se muestra demasiado crítico con el 9. El 9 evita el conflicto a toda costa, mientras que el 1 no suele rehuirlo.

Mantras para el reformador

Cuando las cosas se pongan difíciles o siempre que tengas ganas, repite estos mantras y afirmaciones en voz alta o mentalmente para que ello te ayude a centrarte. Puedes repetir una sola de estas declaraciones o decirlas una tras otra.

♡ Soy bueno(a).

♡ Estoy bien incluso cuando cometo errores.

♡ Soy perfecto(a) tal como soy.

♡ Juzgar a los demás no es mi responsabilidad.

♡ Puedo soltar lo que no puedo cambiar.

EJERCICIO PARA EL REFORMADOR

El objetivo de este ejercicio es trabajar para silenciar al crítico interior. Cuando tu crítico interior se pronuncia con fuerza, te resulta difícil enfocarte en tus buenas cualidades o aceptar todos tus aspectos positivos.

1. Siempre que tengas un pensamiento negativo sobre ti mismo, sustitúyelo por otro positivo. Por ejemplo, si te descubres pensando: «Hoy debería haber hecho más», piensa: «Hoy he sido capaz de hacer esto». Esto te ayudará a dejar de enfocarte en tus presuntos fallos y fracasos para pasar a hacerlo en tus logros, y también te ayudará a abrirte a los sentimientos positivos y la confianza.

2. Practica el cambio de enfoque mencionado haciendo una lista dividida en dos columnas: en un lado, escribe los pensamientos críticos; después táchalos y reescríbelos como pensamientos positivos en la otra columna.

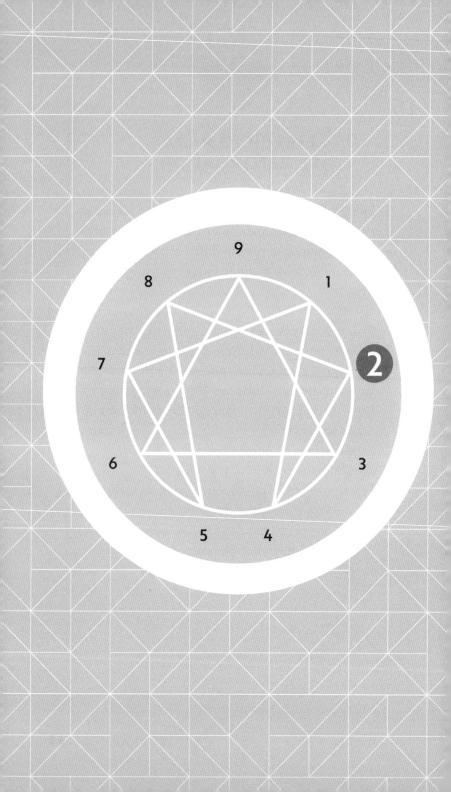

El ayudador

CÓMO ACTÚAN LOS AYUDADORES

El eneatipo 2, el ayudador, también ha sido llamado *el dador*, *el compañero* y *el consejero comprensivo*. Todas estas denominaciones indican lo mismo: estas personas apoyan y ayudan a quienes tienen alrededor. Los ayudadores desean que los demás se sientan amados y necesarios, y quieren ser quienes les hagan sentir así. Están centrados en las relaciones y el servicio a los demás, pero a veces no tienen en cuenta lo que ellos necesitan de los otros. Quieren que se les necesite, pero con frecuencia no atienden sus propias necesidades. El eneatipo 2 siente que su propósito vital es tener un impacto en la vida de otras personas, y lo cumple evaluando lo que se necesita en un momento dado y resolviendo esa carencia.

MOTIVACIONES

El eneatipo 2 está motivado por la necesidad de sentirse amado, necesitado y valorado. A menudo hacen todo lo que pueden para que los demás se sientan amados y necesitados porque quieren sentir esto a cambio. Como aspira a que lo necesiten, se hace indispensable para las personas de su entorno. Se asegura de tener algo que necesiten de él o ella. Al eneatipo 2 también le motiva su mayor miedo: no ser amado o necesitado por los demás; incluso no gustar. Por eso, algunos de los comportamientos de los ayudadores consisten en hacer todo lo que pueden para gustar a las personas cercanas y que los tengan en buena consideración.

A veces, sin darse cuenta hacen cosas por los demás motivados por la valoración y la aprobación que obtendrán de resultas de estos comportamientos.

Ayudadores famosos

En realidad no sabemos qué motiva a los demás, por lo que esta propuesta de personajes tiene como base la mera observación. Espero que estas conjeturas te ayuden a determinar cuál es tu eneatipo.

- ✩ Mary Kay Ash
- ✩ Maya Angelou
- ✩ Lionel Richie
- ✩ «Rubeus Hagrid»
- ✩ Eleanor Roosevelt
- ✩ Madre Teresa

EL PUNTO DE ESTRÉS Y EL DE SEGURIDAD

El punto de seguridad del eneatipo 2 es el eneatipo 4, el individualista, y su punto de estrés es el eneatipo 8, el desafiador. Cuando el 2 se siente seguro, incorpora características positivas del 4. Cuando se siente estresado, asume algunas características negativas del 8. Veamos un poco en qué se puede traducir esto en la práctica.

Cuando el eneatipo 2 está en un momento de crecimiento, puede incorporar atributos positivos del eneatipo 4 y mostrarse honesto en cuanto a lo que le motiva a actuar. Esto le permite estar más en contacto con sus emociones y sentimientos y saber cuándo no se están viendo satisfechas sus necesidades. El eneatipo 2 que está en una dinámica de crecimiento también es capaz de aceptar los sentimientos y emociones dolorosos como parte de su realidad, y no trata de encubrirlos haciendo cosas por los demás.

Cuando este eneatipo no se encuentra en un buen espacio interior, es habitual que tenga la sensación de estar perdiendo el control. Entonces puede incorporar los atributos negativos del eneatipo 8 y mostrar un tono más áspero y una actitud más agresiva. Cuando el 2 está abrumado, siente que quiere retirar el apoyo y la atención que presta a otras personas porque no merecen estas consideraciones. Puede ser que requiera mucho de los demás.

LAS ALAS

Las alas del eneatipo 2 son el eneatipo 1 (el reformador) y el eneatipo 3 (el triunfador). Si bien las motivaciones las dicta siempre el eneatipo principal, se pueden tomar rasgos de personalidad de las alas. Podría parecer que un 2 que tenga fuerte el ala 1 y un 2 que tenga fuerte el ala 3 tienen que ser semejantes, pero en realidad son bastante diferentes.

Al eneatipo 2 que tiene fuerte el ala 1 también se lo conoce como *el servidor*. Suele estar más enfocado en el autocontrol y es más organizado y muy consciente de lo que está bien y lo que está mal en el mundo. También se siente más responsable a la hora de ayudar a los demás. Siente que tiene el deber de hacer que las cosas estén bien en el mundo siendo una persona generosa y servicial.

● ENEATIPO   ● ALAS   ● PUNTO DE SEGURIDAD   ● PUNTO DE ESTRÉS

El eneatipo 2 que tiene fuerte el ala 3 también es llamado *el anfitrión*. Es más sociable y extrovertido. Le importa más su reputación y que lo aplaudan por sus logros y éxitos. Tiene una buena apariencia y es capaz de hablar con todo el mundo en una sala llena de gente. A este eneatipo le importa más gustar y que lo valoren por lo que aporta a las relaciones.

LO QUE LES RESULTA FÁCIL A LOS AYUDADORES

Los ayudadores tienen la capacidad natural de percibir el ambiente de una sala y determinar qué sienten y qué necesitan los demás. También les resulta muy fácil ser empáticos. Los individuos de eneatipo 2 saben qué necesitan las otras personas y cómo satisfacer dichas necesidades. Como los ayudadores están tan centrados en las relaciones, es natural para ellos relacionarse y ofrecer su comprensión. Hacen que los demás se sientan acogidos y queridos, porque quieren que hagan lo mismo por ellos. Se les da muy bien hacer que las personas se sientan amadas.

LO QUE LES CUESTA A LOS AYUDADORES

A causa de su necesidad de complacer, a los individuos de eneatipo 2 les puede resultar extremadamente difícil decir que no. Sienten que si dicen que no, pasarán a verlos de otra manera. Por otra parte, normalmente les cuesta identificar y comunicar qué es lo que sienten y desean. Esto se debe a que se sienten más a gusto atendiendo a lo que necesitan *los demás*. También les cuesta encajar cualquier tipo de crítica, pues las críticas hacen que ya no se sientan seguros de que son amados y necesarios. Siempre digo que si quieres ofrecer una crítica constructiva a alguien de eneatipo 2, emplees el «método sándwich»: empieza con un cumplido, inserta la crítica y termina con otro cumplido.

COMPORTAMIENTOS SALUDABLES

El eneatipo 2 es amable, empático y generoso con su tiempo, su energía y sus recursos. Está en una dinámica de crecimiento cuando es desinteresado y está dispuesto a anteponer a los demás a sí mismo. Normalmente es servicial en todas las circunstancias, pero a veces su ayuda es condicional. Cuando es capaz de enfocarse en el acto de ayuda en sí, en lugar de hacerlo en la impresión que causa con ello, puede crecer con el acto de dar desde un espacio sincero en el que no espera nada a cambio. La capacidad que tiene de estar seguro de quién es y de lo que puede ofrecer le permite implicarse solamente en lo que quiere hacer, en lugar de sentir que tiene que decir que sí a todo y a todos. Entonces es capaz de reconocer sus propias necesidades y de comunicarlas a las personas que hay en su vida.

COMPORTAMIENTOS NO SALUDABLES

Cuando el eneatipo 2 solo se enfoca en sentirse necesitado, su dar es más egocéntrico; es decir, tiende a hacer cosas por los demás para ver qué recibe a cambio. Puede experimentar resentimiento si no recibe reconocimiento y puede empezar a llevar la cuenta de lo que ha hecho. Como quiere gustar, dice sí a todo para asegurarse de complacer a los demás. Incluso puede meterse donde no se le necesita, solo para hacerse necesario. Cuando el eneatipo 2 no confía mucho en sí mismo a la hora de identificar y abordar sus propias necesidades, puede ser muy dependiente y no ser capaz de valerse por sí mismo. Tiende a obviar el hecho de que tiene sus propias necesidades y piensa que los demás serán capaces de leer su mente. Esto lo conduce a experimentar una gran frustración y puede empezar a sentir que es el único que hace cosas por los demás. Puede acabar tan centrado en que no lo dejen de lado que puede hacer todo lo posible para asegurarse de que no ocurra tal cosa.

VIDA LABORAL

En el lugar de trabajo, el eneatipo 2 está extremadamente centrado en las personas y las relaciones. Suele estar siempre ahí para ayudar a sus compañeros, dentro y fuera del entorno laboral. Entra en una sala y de forma natural sabe qué sienten los presentes y qué necesitan, lo cual hace que le resulte fácil hacer amigos en el lugar de trabajo. Se sorprende de veras cuando no gusta a alguien o cuando su personalidad no despierta interés. Siempre pregunta qué puede hacer para ayudar y cómo puede satisfacer las necesidades de los demás. Sin embargo, puede tener dificultades con los límites personales y no ser capaz de separar la vida personal de la profesional. Quiere compartir su vida personal con sus compañeros de trabajo porque desea saber cosas sobre la vida de los demás. Si trabajas con un eneatipo 2, agradece lo que hace para ayudarte y no lo critiques con dureza.

VIDA FAMILIAR

El eneatipo 2 brinda apoyo, cuidado y atención a los miembros de su familia, igual que hace con las personas con las que comparte otras áreas de su vida. Le encanta alentar a sus familiares y quiere asegurarse de que se sientan amados y necesitados a lo largo de su vida. Siempre está ahí: sabe lo que quiere un determinado familiar para su cumpleaños, ofrece palabras diarias de ánimo, etc. A pesar de que el amor dentro de la familia es incondicional, el eneatipo 2 siente que tiene que esforzarse para ganarse el amor. Tal vez le preocupe no estar haciendo lo suficiente por la familia, y esto puede conducirlo a realizar esfuerzos adicionales para satisfacer a todos. En la infancia, el 2 solo quiere complacer a sus padres y sentirse amado y necesitado por ellos. Como padres, las personas de este eneatipo son amorosas y apoyan todo lo que hacen sus hijos. Y para ellas es importante que sus les demuestren su amor.

RELACIONES

El eneatipo 2 ve las relaciones como el componente más importante de su vida. Suele buscar calor, conexión emocional y comprensión, porque sabe que él ofrece todo eso a los demás. Sin embargo, tiene que procurar no dar demasiado de sí mismo. Si bien se le da muy bien hacer que su pareja se sienta amada y apoyada en todas sus tareas, es menos probable que le comunique sus propios deseos y necesidades, porque no está acostumbrado a que otras personas cuiden de él o ella. En las relaciones, es habitual que el eneatipo 2 tema el rechazo. Le cuesta sentirse lo bastante bueno y merecedor. Esto puede conducirlo al desgaste y a la sensación de que no recibe a cambio en la medida en la que da. Si estás en una relación con un eneatipo 2, es importante que expreses con concreción y detalles qué te gusta de él o ella. Las palabras son importantes para este eneatipo.

LOS AYUDADORES Y LOS OTROS ENEATIPOS

El eneatipo 2 suele llevarse bien con los demás gracias a su capacidad de comprenderlos. A continuación se exponen algunas dinámicas que pueden verse en las relaciones con este eneatipo.

CON EL ENEATIPO 1:

El eneatipo 2 y el eneatipo 1 se llevan bien porque los dos están enfocados en servir. A ambos les gusta que se los necesite y hacer cosas por los demás.

CON EL ENEATIPO 2:

Las personas de eneatipo 2 se pueden comprender especialmente bien entre ellas porque sus motivaciones y razones son en esencia las mismas. Comprenden la necesidad que tiene el otro de sentirse amado y necesitado y a menudo entregan sobre esta base.

CON EL ENEATIPO 3:

Tanto al eneatipo 2 como al 3 les gusta alentar y motivar. A ambos también les importa mucho qué opinan de ellos los demás.

CON EL ENEATIPO 4:

Estos dos eneatipos están conectados en el eneagrama y ambos tienden a ser emocionales y a estar en contacto con sus sentimientos. A veces pueden mostrarse demasiado dramáticos.

CON EL ENEATIPO 5:

A estos dos eneatipos les cuesta comprenderse a veces, porque el eneatipo 2 es emocional y el 5 tiende a evitar los sentimientos. De todos modos, precisamente por esto pueden equilibrarse bien el uno al otro.

CON EL ENEATIPO 6:

El eneatipo 2 y el 6 tienen en común que necesitan conectar con los demás y relacionarse. Ambos valoran la lealtad y la honestidad y ambos pueden temer que los abandonen.

CON EL ENEATIPO 7:

Tanto el eneatipo 2 como el 7 son optimistas y están llenos de vitalidad. También valoran profundamente a las personas que hay en su vida. Pero el eneatipo 2 no es tan espontáneo como el 7.

CON EL ENEATIPO 8:

Entre estos dos eneatipos se establece una dinámica interesante: el 2 asume características del 8 en los momentos o períodos de estrés, y el 8 incorpora características del 2 en los momentos o períodos de crecimiento. Sus comportamientos pueden parecer opuestos, pero a causa de esto pueden comprender la motivación del otro. A ambos les apasiona ayudar a los demás.

CON EL ENEATIPO 9:

El eneatipo 2 y el 9 parecen similares a veces, pero el 2 ayuda de manera más proactiva, mientras que el 9 reacciona a una necesidad o una llamada de ayuda. En cualquier caso, ambos son empáticos, amables y atentos.

Mantras para el ayudador

Cuando las cosas se pongan difíciles o siempre que tengas ganas, repite estos mantras y afirmaciones en voz alta o mentalmente para que ello te ayude a centrarte. Puedes repetir una sola de estas declaraciones o decirlas una tras otra.

♡ Soy útil y
soy amado(a).

♡ Soy apreciado(a) por
lo que aporto.

♡ Mis necesidades
son importantes.

♡ Puedo amar
sin expectativas.

♡ Puedo decir
«no» sin
sentirme culpable.

EJERCICIO PARA EL AYUDADOR

El objetivo de este ejercicio es que veas claramente por qué estás haciendo algo por otra persona y que evalúes si es algo que quieres hacer realmente o si es algo que estás haciendo por obligación. Al comprender las motivaciones que hay detrás de tus actos de dar podrás evitar el resentimiento causado por unas expectativas no satisfechas. También puedes reforzar tu capacidad de reconocer y abordar tus propias necesidades. Veamos cómo hacerlo.

1. Cuando te despiertes por la mañana, escribe qué necesitas ese día. Al final de la jornada, repasa la lista y marca las necesidades que has visto satisfechas. Haz esto durante una semana.

2. Finalizada la semana, anota todo lo que hiciste por los demás durante ese período. ¿Por qué quisiste hacer eso por esas personas? ¿Qué esperabas a cambio? ¿Realmente te gustó hacerlo?

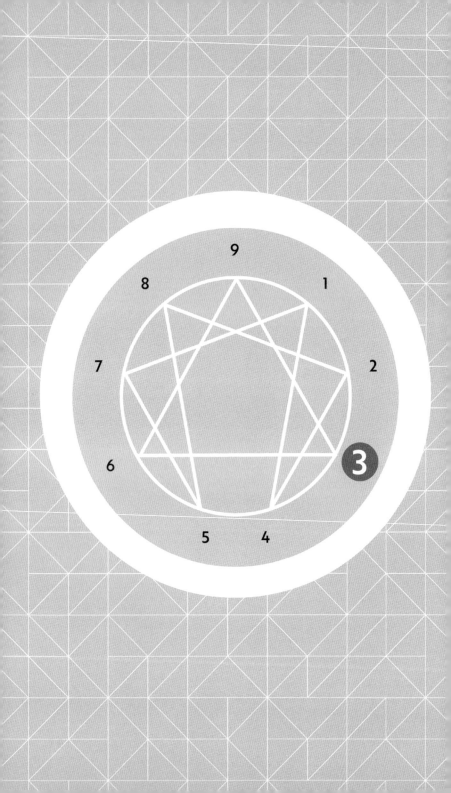

El triunfador

CÓMO ACTÚAN LOS TRIUNFADORES

Al eneatipo 3 se le llama *el triunfador* porque triunfar es uno de sus principales objetivos en la vida. El triunfador está impulsado y motivado por lograr el éxito y dar lo mejor de sí, y en esto se enfoca. Centrado en el resultado final, normalmente no para de trabajar hasta haberlo obtenido. Es competitivo por naturaleza a causa de su necesidad de ser el mejor y a menudo alienta a los demás a que den lo mejor de sí también. El eneatipo 3 tiene la capacidad camaleónica de adaptar su personalidad según aquellos que tiene alrededor. Sabe qué tiene que hacer para gustar y para que lo respeten. Las apariencias son extremadamente importantes para el triunfador.

MOTIVACIONES

El eneatipo 3 está motivado por la necesidad de ser valorado y respetado. Cree que si trabaja lo bastante duro los demás lo respetarán y respetarán asimismo lo que tiene por ofrecer. También quiere que lo vean como alguien competente y que los demás acudan a él o ella para que los ayude a hacer su trabajo. Lo que más temen los triunfadores es el fracaso, pero también temen que otras personas vean que son incapaces de hacer algo en concreto. Debido a ello, trabajan para asegurarse de ser siempre capaces de completar la tarea. El eneatipo 3 tiene la motivación de plantearse objetivos y saber que los alcanzará.

Triunfadores famosos

En realidad no sabemos qué motiva a los demás, por lo que esta propuesta de personajes tiene como base la mera observación. Espero que estas conjeturas te ayuden a determinar cuál es tu eneatipo.

- ☆ Muhammad Ali
- ☆ «Leslie Knope»
- ☆ A. Schwarzenegger
- ☆ Dwayne Johnson
- ☆ Taylor Swift
- ☆ Oprah Winfrey

EL PUNTO DE ESTRÉS Y EL DE SEGURIDAD

Cuando se encuentra en un espacio interno de seguridad, el eneatipo 3 incorpora algunas de las cualidades saludables del 6, el leal. Cuando está estresado, asume características no saludables del 9, el pacificador. Cada uno de estos eneatipos puede manifestarse de muchas maneras en el triunfador.

Cuando el eneatipo 3 se siente seguro, asume la capacidad del 6 de desacelerar y de reconocer que los logros no lo definen. Tiende a alentar más a los demás y a encontrar más valiosas sus relaciones. Entonces es más leal, trabaja bien en equipo y se muestra menos competitivo. El eneatipo 3 saludable también se prepara para lo que sea que se presente y ayuda a otras personas a prepararse con este fin.

Cuando se encuentra en un estado de estrés, adopta características no saludables del eneatipo 9, como perder la motivación y sentirse abrumado frente a todo lo que debe hacerse. También puede retraerse, apartarse de la vida social y volverse pasivo-agresivo. El eneatipo 3 estresado tiende asimismo a echar la culpa de sus problemas a otras personas, incapaz de reconocer el papel que él o ella ha tenido en la situación.

LAS ALAS

Las alas del eneatipo 3 son los eneatipos 2 y 4. El primero es el ayudador, el segundo el individualista. En la mayoría de las personas una de las alas es más fuerte que la otra, pero todos incorporamos cualidades de ambas. Veamos a continuación algunas de las características definitorias de las alas del eneatipo 3.

El eneatipo 3 cuya ala más fuerte es la 2 suele estar más dispuesto a ayudar y a ser más generoso con su tiempo, su energía y sus recursos. Está más centrado en las personas, es más sociable y se adapta mejor a muchas situaciones. Le gusta más ser objeto de atención que al eneatipo 3 cuya ala fuerte es la 4. Además, el 3 que tiene fuerte el ala 2 es más competitivo, a causa de la gran importancia que da a las apariencias.

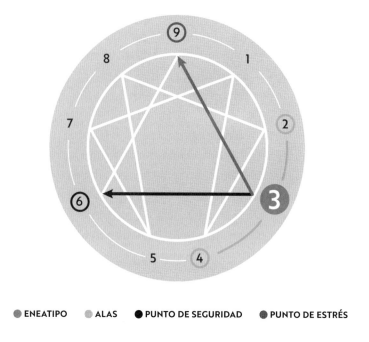

● ENEATIPO ● ALAS ● PUNTO DE SEGURIDAD ● PUNTO DE ESTRÉS

El eneatipo 3 que tiene fuerte el ala 4 es más creativo, artístico y singular. Se enfoca más en destacar entre la multitud a causa de sus capacidades únicas en lugar de hacerlo solo por sus logros. Es más callado y está más centrado en sus emociones y sentimientos. Específicamente, puede captar con mayor facilidad lo que siente acerca de sus logros y es posible que esté enfocado en ser el mejor en el dominio de un determinado conjunto de habilidades.

LO QUE LES RESULTA FÁCIL A LOS TRIUNFADORES

Al eneatipo 3 se le da muy bien establecer objetivos y lograrlos. Al estar motivado por el éxito, le resulta fácil terminar proyectos y cumplir con los plazos de entrega. Valora los resultados, independientemente de cuál sea la dimensión del proyecto. Asimismo, se le da muy bien alentar a los demás. Como el logro es muy importante para él o ella, quiere que los demás también triunfen. Desea llegar a la cima, sin duda, pero acompañado por otras personas. Al eneatipo 3 le resulta fácil echar un vistazo a un proyecto o situación y saber qué hay que hacer para completarlo. Está centrado en las tareas y dispuesto a terminarlas cueste lo que cueste.

LO QUE LES CUESTA A LOS TRIUNFADORES

Al triunfador le cuesta separar la vida profesional de la vida familiar. Al sentir que tiene que estar esforzándose siempre por conseguir el éxito tal como lo entiende, no le resulta nada fácil dejar de lado esta mentalidad. Por ejemplo, puede ser incapaz de apagar el ordenador por la noche o tener dificultades para establecer el límite entre el trabajo y la vida hogareña. Al eneatipo 3 también le cuesta identificar su propia identidad más allá de sus logros y de aquello que hace. Es conocido por adaptar su personalidad en función de las expectativas de los demás. Por otra parte, le cuesta mucho aceptar el fracaso; puede ser que ni siquiera intente empezar a hacer algo a menos que tenga la seguridad de que tendrá éxito.

COMPORTAMIENTOS SALUDABLES

El deseo que tiene el eneatipo 3 de que lo valoren hace que sea alguien extremadamente motivado. Cuando se valora a sí mismo, confía en su propia persona y en lo que tiene por ofrecer. Como el eneatipo 3 aspira a que lo respeten, quiere asegurarse de que los demás sientan este mismo respeto, por lo que los alienta a perseguir sus deseos. El triunfador es optimista y suele inspirar a los demás a alcanzar grandes objetivos. Carismático y sociable, es capaz de mantener conversaciones con todo el mundo. Se adapta a cualquier situación en la que se encuentra y esto lo afronta como un reto personal. El eneatipo 3 trabaja duro y sabe cómo realizar y terminar las tareas. En su mejor versión, puede ser un importante modelo para los demás.

COMPORTAMIENTOS NO SALUDABLES

Cuando el eneatipo 3 solo está enfocado en progresar, puede obsesionarse con hacerlo solo en lugar de alentar a otras personas a triunfar junto con él o ella. Esto puede conducirlo a un gran egocentrismo y a ser muy vanidoso. El miedo al fracaso puede llevarlo a creer que es el único que puede realizar las tareas. De resultas de su anhelo de éxito puede ser demasiado competitivo y hacer todo lo posible para asegurarse el triunfo. En su intento de obtener el respeto de los demás, el eneatipo 3 tiende a ser adicto al trabajo, pues ha asociado su identidad con sus logros. A veces le preocupan tanto las apariencias que no quiere mostrar su verdadero yo.

VIDA LABORAL

La vida laboral es central para el eneatipo 3. Incluso si no «trabaja» en el sentido tradicional de la palabra, suele tener algún tipo de trabajo por hacer. Se puede confiar en que logrará lo que se ha propuesto, sobre todo si tiene que ver con el trabajo. Se fija grandes objetivos y no se detiene hasta alcanzarlos. Puede parecer que compite demasiado con los demás, y a veces esto es realmente así. Pero es importante reconocer que compite consigo mismo sobre todo.

VIDA FAMILIAR

El eneatipo 3 valora las relaciones con sus familiares. Le encanta divertirse, jugar y que la vida no deje de ser emocionante. Se le da muy bien alentar a los miembros de la familia a dar lo mejor de sí mismos y no rendirse nunca. Como en otras áreas de su vida, el eneatipo 3 a veces tiene la necesidad de demostrar algo a sus familiares. En la infancia, esto puede traducirse en el deseo de sacar buenas notas, y en la edad adulta en el deseo de destacar en el terreno profesional. El origen de esta actitud es la profunda necesidad de ser valorado. Le cuesta aceptar que sus familiares lo amen y valoren independientemente de cuáles sean sus logros. Si uno de tus familiares es un eneatipo 3, recuérdale que le conviene bajar el ritmo e introducir pausas en el trabajo. Dile que su valor no tiene nada que ver con sus logros y que es un ser asombroso tal como es.

RELACIONES

Muchas personas se sienten atraídas por el eneatipo 3 por su carácter encantador. Este encanto magnético opera de la misma manera en sus relaciones. El triunfador quiere que su pareja lo valore y respete, y que su pareja, sus amigos y sus familiares estén orgullosos de él o ella. Puede querer obtener logros con el único fin de conseguir la aprobación de los demás. En las relaciones, puede ser el tipo de persona que su pareja necesita que sea en cualquier momento dado. Se adapta a las situaciones y comprende lo que se necesita de él o ella. Además, se le da muy bien animar a su pareja, sus amigos y sus familiares a ser la mejor versión de sí mismos y hará lo que sea preciso para ayudarlos a lograrlo. Normalmente es una persona atenta, optimista y motivadora. Si estás en una relación con un eneatipo 3, sé para él un lugar seguro en el que pueda quitarse la «máscara» y aliéntalo a que muestre su verdadero yo.

LOS TRIUNFADORES Y LOS OTROS ENEATIPOS

Los triunfadores tienden a llevarse bien con los otros eneatipos gracias a la capacidad que tienen de adaptar su personalidad a lo que necesitan de ellos los demás. Se exponen a continuación algunas dinámicas que pueden verse en la relación con un eneatipo 3.

CON EL ENEATIPO 1:

Tanto el eneatipo 3 como el 1 valoran hacer las tareas hasta el final y hacerlas bien. Pero pueden discutir a la hora de definir el papel del otro.

CON EL ENEATIPO 2:

El eneatipo 3 y el 2 son similares porque el 2 sabe qué necesitan los demás, mientras que el 3 sabe qué tipo de persona tiene que ser según lo que necesiten los demás. Se apoyan mucho mutuamente y les encanta animarse el uno al otro.

CON EL ENEATIPO 3:

Los individuos de eneatipo 3 comprenden muy bien el deseo de éxito que tienen las otras personas de su mismo eneatipo y siempre se esfuerzan por ser los mejores. Pero puede ser que compitan entre sí.

CON EL ENEATIPO 4:

Definitivamente, el eneatipo 3 y el 4 tienen talentos complementarios, pero también requieren mucha aprobación recíproca.

CON EL ENEATIPO 5:

El eneatipo 3 y el 5 pueden parecer similares en ocasiones porque ambos quieren ser competentes y capaces. Pero estos dos eneatipos pueden desconectar de sus emociones a veces, lo cual puede dificultar la comunicación entre ambos.

CON EL ENEATIPO 6:

El eneatipo 3 y el 6 están conectados en el eneagrama, lo cual hace que la comprensión mutua les resulte un poco más fácil. Ambos aprecian las relaciones y se atienen a unos valores básicos.

CON EL ENEATIPO 7:

Tanto al eneatipo 7 como al 3 se les da bien animar a quienes tienen alrededor y siempre ven el lado bueno de las cosas. Sin embargo, ambos tienden a evitar todo tipo de sentimientos negativos.

CON EL ENEATIPO 8:

Pueden producirse luchas de poder entre el eneatipo 3 y el 8 a causa de la gran fuerza de voluntad y la gran determinación que caracteriza a ambos, pero pueden comprenderse mutuamente a este respecto.

CON EL ENEATIPO 9:

El eneatipo 3 y el 9 también pueden comprenderse el uno al otro, pues están conectados en el eneagrama. Ambos buscan el bienestar, pero tienen que estar atentos a su tendencia a complacer a los demás.

Mantras para el triunfador

Cuando las cosas se pongan difíciles o siempre que tengas ganas, repite estos mantras y afirmaciones en voz alta o mentalmente para que ello te ayude a centrarte. Puedes repetir una sola de estas declaraciones o decirlas una tras otra.

♡ Valgo más que por mis logros.

♡ Puedo descansar sin sentirme culpable.

♡ Puedo ser fiel a mí mismo.

♡ Puedo aplaudir los logros de otras personas.

♡ Estoy dispuesto(a) a aprender del fracaso.

EJERCICIO PARA EL TRIUNFADOR

El objetivo de este ejercicio es que avances hacia el descubrimiento de tu verdadera identidad. El eneatipo 3 suele identificarse a sí mismo a través del papel que asume. Pero es importante que sepas quién eres como individuo, en lugar de limitarte a ser el tipo de persona que piensas que los demás necesitan o quieren que seas.

1. Divide una hoja de papel en dos columnas. En una de ellas, haz una lista con los distintos roles que asumes, como el de padre, hijo, vecino, etc. En la otra columna haz una lista con todas las características que tienes, como servicial, generoso, motivador, etc.

2. Empareja cada característica con un rol. Puedes unir las características a tantos roles como veas oportuno. Ahora echa un vistazo a todas las características que están presentes en varios roles. ¿Te ayuda esto a ver cómo eres más allá de los papeles que asumes? ¿Cómo serías si no adoptases ninguno de estos roles?

3. Anota características que tengas que no necesariamente se correspondan con ninguno de los roles de la lista.

El individualista

CÓMO ACTÚAN LOS INDIVIDUALISTAS

El eneatipo 4, o individualista, es conocido por estar centrado en la autenticidad y en ser fiel a sí mismo. Tiende a verse atraído por el romanticismo y la creatividad, razón por la cual también se le llama *el romántico* o *el artista*. El individualista busca conectar profundamente con todas las personas a las que conoce. Deseoso de comprender a los demás, de manera natural busca formas de saber sobre las partes más profundas, desconocidas, de la vida y la personalidad de otros individuos. Está conectado con sus sentimientos y suele tomar las decisiones basándose en sus emociones. El eneatipo 4 busca dotar de sentido y significado a la vida. Esto puede consistir en saborear pequeños momentos, como una puesta de sol o un día lluvioso, o en hacer lo posible para tener un impacto en el mundo.

MOTIVACIONES

Al eneatipo 4 le motiva el deseo de crear una identidad propia. Esta motivación suele manifestarse como la voluntad de ser diferente de una manera única y significativa. A causa de esto, el eneatipo 4 prototípico quiere tener comportamientos que difieran de otros. Al individualista también le motiva el miedo a que lo vean como defectuoso. Quiere ser diferente, pero no imperfecto. Se esfuerza por asegurarse de que no es la «oveja negra» de la situación o la relación. Otro de sus miedos es no tener relevancia personal o un propósito en la vida. Por esta razón, a menudo busca oportunidades para otorgar sentido y encontrar su propósito. Valora las conexiones profundas porque siente que uno de sus propósitos es conectar con los demás de una manera significativa.

Individualistas famosos

En realidad no sabemos qué motiva a los demás, por lo que esta propuesta de personajes tiene como base la mera observación. Espero que estas conjeturas te ayuden a determinar cuál es tu eneatipo.

- ☆ Edgar Allan Poe
- ☆ Amy Winehouse
- ☆ Kate Winslet
- ☆ Frida Kahlo
- ☆ Johnny Depp
- ☆ Bob Dylan

EL PUNTO DE ESTRÉS Y EL DE SEGURIDAD

El eneatipo 4 saludable o que se encuentra en un estado de seguridad adopta las cualidades positivas del eneatipo 1, el reformador. Pero cuando está estresado o no se encuentra en una posición saludable, incorpora las características negativas del eneatipo 2, el ayudador.

Cuando el eneatipo 4 se halla en un espacio de crecimiento o seguridad, es más estructurado y organizado, como el eneatipo 1. Pasa a gozar de un mayor equilibrio emocional y a enfocarse en hacer lo correcto. Normalmente le preocupa en mayor medida ser una buena persona y se enfoca más en lo que puede hacer en la lucha por una buena causa.

Cuando está estresado, empieza a sentir que los demás no le manifiestan amor de la manera que él o ella quiere. Esta actitud reproduce los comportamientos no saludables del eneatipo 2 y deriva en que se vuelve posesivo en sus relaciones y siente celos cuando no recibe la atención suficiente. El eneatipo 4 trata de ganarse el afecto de los demás, por lo que puede volverse alguien necesitado y adaptarse demasiado a las personas que lo rodean.

LAS ALAS

El eneatipo 4 está flanqueado por el 3 (el triunfador) y el 5 (el investigador), por lo que estas son sus alas. La mayoría de las personas tienen más fuerte una de las alas, pero parte del trabajo de crecimiento consiste en incorporar cualidades y características de las dos. Hay diferencias significativas entre el eneatipo 4 que tiene fuerte el ala 3 y el que tiene fuerte el ala 5.

Al eneatipo 4 que tiene fuerte el ala 3 también se le llama *el aristócrata*. Históricamente, un aristócrata es un miembro de una clase de élite. El ala 3 aporta un acento mayor en los gustos refinados o la estética, a causa de la importancia que tienen las apariencias para este eneatipo. El 4 que tiene fuerte el ala 3 está más enfocado en los objetivos que puede lograr y tiende a trabajar para conseguirlos. Es más extrovertido que los otros individuos de eneatipo 4 y a menudo se compara con personas que tienen lo que él o ella quiere. Tiene, por tanto, un problema de envidia, pero está más centrado en tener un impacto en el mundo.

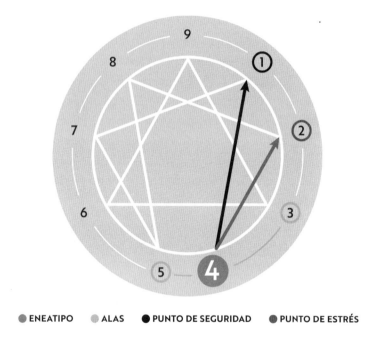

● ENEATIPO ● ALAS ● PUNTO DE SEGURIDAD ● PUNTO DE ESTRÉS

Al eneatipo 4 que tiene fuerte el ala 5 se le llama *el bohemio*. Tiende a ser más callado y retraído que el eneatipo 4 promedio. También siente que debe proteger sus emociones de los demás, por lo que las guarda para sí. Como todas las personas de eneatipo 4, toma sus decisiones a partir de la forma en que se siente respecto a los temas en cuestión, pero necesita tiempo para procesar estos sentimientos. El eneatipo 4 que tiene fuerte el ala 5 depende menos de los demás para satisfacer sus necesidades. También es más creativo y confía en su vertiente intelectual para decidir qué hacer.

LO QUE LES RESULTA FÁCIL A LOS INDIVIDUALISTAS

Puesto que desean ser comprendidos, los individuos de eneatipo 4 buscan comprender a los demás; esta actitud es natural en ellos. Son empáticos, sobre todo en lo que respecta a los sentimientos y emociones. También se le da bien ser fiel a sí mismo y a lo que tiene por ofrecer. Nunca fingirá ser quien no es; quiere ser alguien único y significativo. Asimismo, forma parte de la naturaleza del eneatipo 4 saber cómo crear relaciones profundas y significativas con los demás, y sabe qué necesitan las otras personas para ser realmente ellas mismas.

LO QUE LES CUESTA A LOS INDIVIDUALISTAS

El eneatipo 4 tiene una sensación de carencia o de que falta algo; en consecuencia, se compara con otros individuos. De resultas de ello, puede costarle superar el complejo de inferioridad que acaso experimente. Este complejo suele tener que ver con la sensación de no ser «suficiente» para los demás. También le cuesta encajar las críticas. Aunque el otro diga que la crítica es constructiva, el eneatipo 4 tiene dificultades para recibirla como algo positivo. Le desagrada que se le malinterprete y suele refugiarse en sus emociones cuando siente que los demás no se toman tiempo para conocerlo de verdad.

COMPORTAMIENTOS SALUDABLES

La tendencia del eneatipo 4 de intentar comprender a los demás hace que sea empático y sensible a las necesidades emocionales de su entorno. Asimismo, la capacidad que tiene de sintonizar con las suyas, le permite ser el artífice de su propia felicidad en lugar de hacerla depender de otras personas. La autenticidad es extremadamente importante para el eneatipo 4. Cuando puede ser verdaderamente honesto consigo mismo en cuanto a lo que siente y lo que necesita, puede inspirar a otras personas a hacer lo mismo. El individualista tiene la capacidad de estar satisfecho con lo que tiene; cuando lo logra, puede transformarse en la mejor versión de sí mismo. Esta transformación también puede derivar de la alegría que siente por lo que tienen otras personas, aunque sea algo que él o ella no ha conseguido.

COMPORTAMIENTOS NO SALUDABLES

Cuando el eneatipo 4 pone constantemente el foco en lo que le falta corre el riesgo de quedar atrapado en el día a día y anquilosarse. Esta actitud suele conducir a la envidia y a compararse con los demás. Si el eneatipo 4 siente que no lo comprenden, intenta hacerse comprender; entonces puede dar la impresión de ser alguien necesitado o demasiado emocional. A menudo es presa del monólogo interior negativo y es duro consigo mismo. Si esto lo lleva a retirarse siempre a su mundo emocional, estará yendo por un mal camino. Algunos individuos de eneatipo 4 pueden sentir que tienen que resarcir a los demás el presunto hecho de que no dan la talla, lo cual, a su vez, puede hacer que se aíslen.

VIDA LABORAL

Para el eneatipo 4 es importante establecer una conexión personal con el trabajo que está realizando. No tomará un nuevo empleo ni empezará una carrera a menos que le estimule emocionalmente. Como en las otras áreas de su vida, valora la transparencia y la autenticidad en el trabajo; esta característica es especialmente aplicable a las personas que ocupan posiciones de liderazgo. El eneatipo 4 quiere asegurarse de que los demás se muestran tan auténticos como él o ella se muestra con ellos. Forja conexiones profundas y duraderas con colegas y compañeros de trabajo. Puede ofrecer su comprensión a otras personas como nadie más podría hacerlo y es capaz de alentar a los demás a manifestar su verdad, aunque les resulte incómodo. Por otra parte, el eneatipo 4 no encaja bien las críticas, de ningún tipo. Es conocido por tomarse las cosas personalmente y puede refugiarse en sus emociones. En estos casos puede ser que se muestre malhumorado, deprimido o ensimismado. Si interactúas con un eneatipo 4 en el lugar de trabajo, sé transparente con él o ella e intenta comprenderlo desde una perspectiva integral.

VIDA FAMILIAR

Como en otras áreas de su vida, el eneatipo 4 también quiere ser comprendido en el ámbito familiar. Se pueden conformar conexiones íntimas y profundas en el seno de la familia, y el eneatipo 4 florece con este tipo de relaciones. Sus familiares deben comprender que este eneatipo aprecia un entorno hogareño cuya estética le haga sentir a gusto. El eneatipo 4 alienta a sus familiares a tomar conciencia de sus sentimientos y emociones y a no tener miedo de exponerlos.

También muestra una empatía significativa cuando un familiar está pasando por una dificultad. Sin embargo, suele sentir que es él o ella el familiar que no acaba de encajar. Como a veces siente que hay algo defectuoso en él o ella, le resulta fácil sentirse rechazado en los eventos y reuniones familiares. Puede sentir que sus familiares no lo comprenden y que lo juzgan por sus emociones. Es importante que los familiares le muestren que lo aceptan tal como es y que también acepten lo que sea que esté sintiendo.

RELACIONES

A veces al eneatipo 4 se le llama *el romántico*, a causa de sus sentimientos fuertes y a que tiende a idealizar lo romántico y todos los sentimientos asociados con ello. Por este motivo, tiende a ir a por todas cuando busca relacionarse con los demás. Este eneatipo aporta una pasión excepcional a todas las relaciones y quiere que su pareja y sus amigos sientan en la misma medida que él o ella. No le interesan las relaciones que se quedan en el nivel superficial; solo busca conexiones profundas y significativas. A veces, su mayor gozo es poder sentarse y mantener conversaciones llenas de profundidad y en las que exista comprensión mutua. Sin embargo, cuando el eneatipo 4 se estresa en una relación, puede volverse necesitado y excesivamente emocional para asegurarse de que la otra persona lo necesite. Si adopta estos comportamientos, es importante que lo reconozca. Si estás en una relación con un eneatipo 4, da validez a sus pasiones y escúchalo cuando manifieste sus sentimientos y deseos.

LOS INDIVIDUALISTAS Y LOS OTROS ENEATIPOS

Los individualistas se llevan bien con los otros eneatipos gracias a su pasión y su capacidad de comprender profundamente los sentimientos y emociones de los demás. Se exponen a continuación algunas dinámicas que pueden darse en la relación con un eneatipo 4.

CON EL ENEATIPO 1:

Normalmente, tanto el eneatipo 4 como el 1 tienen el deseo de cumplir un propósito más elevado. Quieren tener un impacto en el mundo. Esta similitud puede ayudarlos a comprenderse mutuamente.

CON EL ENEATIPO 2:

El eneatipo 2 y el 4 se llevan bien, sobre todo porque están conectados en el eneagrama. Ambos muestran una empatía significativa y comprenden bien a los demás.

CON EL ENEATIPO 3:

Estos dos eneatipos tienen un ala en común, lo cual facilita que se identifiquen más el uno con el otro que con otros eneatipos. Normalmente tienen puntos fuertes complementarios, pero ambos necesitan mucha aprobación externa.

CON EL ENEATIPO 4:

Las personas de eneatipo 4 tienen en común una intensidad y una pasión que solo ellas pueden entender. Son sensibles a sus necesidades respectivas y pueden comprender las fuertes emociones del otro.

CON EL ENEATIPO 5:

Tanto al eneatipo 4 como al 5 les gusta ser independientes y les sienta bien no estar juntos todo el rato. Pero el 4 siente con mucha fuerza sus propias emociones, mientras que al 5 puede costarle identificar las suyas.

CON EL ENEATIPO 6:

El eneatipo 4 y el 6 son cálidos y lúdicos, pero ambos tienden a temer el abandono, y este miedo puede interponerse en la relación si no se aborda.

CON EL ENEATIPO 7:

Tanto el eneatipo 4 como el 7 aman la aventura y a ambos les gusta utilizar la imaginación. El 4 le puede enseñar al 7 a trabajar con sus emociones en vez de huir de ellas.

CON EL ENEATIPO 8:

El eneatipo 4 y el 8 valoran ser fieles a sí mismos y nunca intentan ser quienes no son. Ambos se apasionan el uno con el otro, pero lo muestran de manera diferente. Los dos pueden tener una gran fuerza de voluntad y ser obstinados cuando están juntos.

CON EL ENEATIPO 9:

Tanto el eneatipo 4 como el 9 muestran una empatía significativa hacia los demás. Procuran entenderse el uno al otro de una manera profunda, pero pueden ser tercos e indecisos a veces.

Mantras para el individualista

Cuando las cosas se pongan difíciles o siempre que tengas ganas, repite estos mantras y afirmaciones en voz alta o mentalmente para que ello te ayude a centrarte. Puedes repetir una sola de estas declaraciones o decirlas una tras otra.

♡ Valoro el momento presente.

♡ Me comprendo y amo plenamente.

♡ Puedo servirme de mis experiencias para crecer.

♡ Aporto belleza a la vida de los demás.

♡ Mis intensos sentimientos no me controlan.

EJERCICIO PARA EL INDIVIDUALISTA

El objetivo de este ejercicio es que dejes de compararte constantemente con los demás. En parte consiste en reconocer lo que tienes y también en alegrarte por las otras personas y por lo que estas pueden ofrecer. Esto hará que dejes de pensar en lo que no tienes; además, convertirás tu inseguridad en aprobación, lo cual hará que te sientas más seguro de ti mismo.

1. Para empezar este ejercicio, anota todo lo que ya tienes. Piensa en los aspectos materiales, tus relaciones y tus éxitos.

2. Cuando hayas dedicado un tiempo a hacer esto, hazte consciente de tus sentimientos de comparación. Cuando te descubras comparándote con otras personas, piensa en cuándo surgen estos sentimientos, cómo te hacen sentir y cuál es su raíz.

3. En lugar de refugiarte en tus emociones, alégrate de alguna manera por la persona con la que te estás comparando. Piensa en los esfuerzos que ha tenido que realizar para alcanzar el éxito. Reflexiona sobre tu propia capacidad de reconocer sus talentos y sobre cómo te sientes cuando alguien reconoce los tuyos. A continuación, exprésale tu reconocimiento. Invita a esa persona a tomar un café. Dile que te alegras por ella. Con la práctica, estas declaraciones serán sinceras y te sentirás bien.

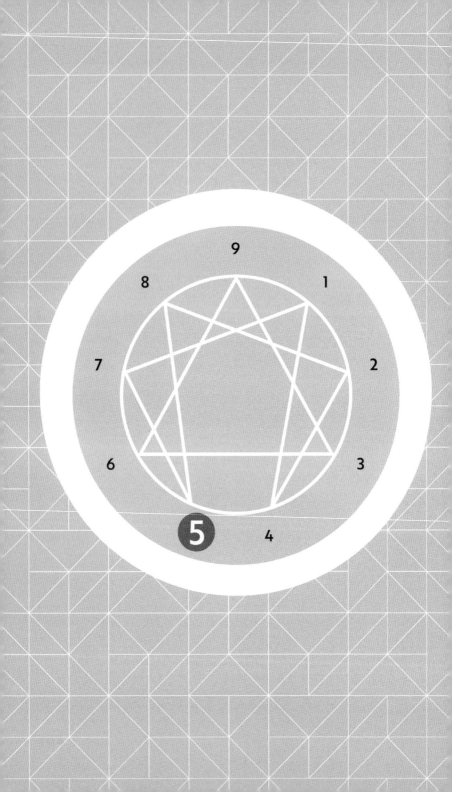

El investigador

CÓMO ACTÚAN LOS INVESTIGADORES

Al eneatipo 5 también se le conoce como *el investigador*. Está enfocado en saber más sobre cualquier tema con el que se encuentra y en comprender mejor dichos temas. No solo quiere estar bien informado; desea ser la persona a la que acuden los demás en busca de información. Centrado en la independencia, valora el tiempo que pasa solo y se retrae para procesar cuando se siente abrumado. El investigador quiere ser un experto en una determinada área o dominar un campo de conocimiento. Me gusta llamarlo «motor de búsqueda andante». Es propio de este eneatipo saber mucho sobre muchas cosas diferentes, lo cual le encanta.

MOTIVACIONES

Al investigador le motiva el deseo de ser un entendido, pero también quiere que lo perciban como alguien competente y capaz. Establece una relación directa entre tener conocimientos y ser competente. Esta motivación lo conduce a asegurarse de saber todo lo que hay que saber sobre un tema dado. Al investigador también le motiva el miedo a que lo vean como necesitado, por lo que actúa como si no necesitara la ayuda de los demás. También teme quedarse sin energía si tiene muchas obligaciones; por este motivo, intenta que le impongan el menor número de obligaciones posible. Se siente más a gusto como observador que como participante activo.

Investigadores famosos

En realidad no sabemos qué motiva a los demás, por lo que esta propuesta de personajes tiene como base la mera observación. Espero que estas conjeturas te ayuden a determinar cuál es tu eneatipo.

- ✩ Bill Gates
- ✩ Mark Zuckerberg
- ✩ Albert Einstein
- ✩ Jane Goodall
- ✩ Agatha Christie
- ✩ Stephen Hawking

EL PUNTO DE ESTRÉS Y EL DE SEGURIDAD

Cuando se siente seguro, el eneatipo 5 manifiesta las cualidades positivas del eneatipo 8, el desafiador. Cuando está estresado, puede expresar características no saludables del eneatipo 7, el entusiasta. Cualquiera que esté familiarizado con estos eneatipos verá claramente si una persona de eneatipo 5 está estresada o en una dinámica de crecimiento.

Cuando el eneatipo 5 se encuentra en una posición saludable, es una persona más decidida, segura de sí misma y capaz de autoafirmarse. Todo ello son cualidades saludables del 8. Entonces el 5 puede fiarse más de su instinto y no tiene que pensar y procesar tanto todo. El eneatipo 8 saludable también se manifiesta en la capacidad del 5 de establecer y defender sus límites.

Cuando el eneatipo 5 está estresado, muestra características no saludables del 7: se distrae y abruma con facilidad. También se manifiesta más impaciente y molesto con los demás, sobre todo si traspasan los límites que ha dispuesto, es más impulsivo y carga con demasiadas cosas a la vez.

LAS ALAS

Los eneatipos que flanquean al investigador son el 4 (el individualista) y el 6 (el leal). En la mayoría de las personas un ala se manifiesta con más fuerza que la otra, pero la tendencia general es expresar características de los dos tipos.

El eneatipo 5 que tiene fuerte el ala 4 es llamado *el iconoclasta*; también *el escéptico* o *el cuestionador*. Como sugieren estos nombres, estos individuos dudan de los hechos hasta que se demuestran. También son más sensibles y emocionales que el eneatipo 5 promedio. Pueden desapegarse de su vertiente intelectual y estar más sintonizados con sus sentimientos. Por otra parte, son más creativos y excéntricos.

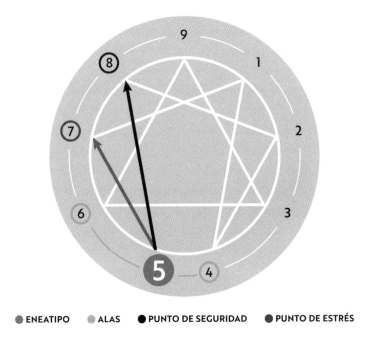

● ENEATIPO ● ALAS ● PUNTO DE SEGURIDAD ● PUNTO DE ESTRÉS

El eneatipo 5 que tiene fuerte el ala 6 es llamado *el solucionador de problemas*, a causa de la capacidad que tiene de evaluar las situaciones y ofrecer maneras prácticas de arreglar las cosas, al recurrir a su lado intelectual y observar el problema. También puede ser un poco más sociable que el 5 típico y buscar la compañía de personas que le aporten seguridad. Tiende a investigar y analizar para llegar a la raíz de los problemas.

LO QUE LES RESULTA FÁCIL A LOS INVESTIGADORES

Debido a la necesidad que tienen de obtener tanta información y tantos conocimientos como sea posible, a los individuos de eneatipo 5 se les da muy bien convertirse en expertos en un determinado tema. Los demás saben que dominan ese campo de conocimiento, por lo que se dirigen a ellos en busca de su opinión y para que aporten soluciones. Poseen buena información y un buen nivel de conocimiento respecto a muchas áreas diferentes. Al eneatipo 5 también se le da muy bien establecer y preservar unos límites fuertes. Muestra unas habilidades excepcionales a la hora de procesar los asuntos y reflexionar sobre ellos. No suele emprender la acción hasta haber reflexionado completamente sobre el tema en cuestión.

LO QUE LES CUESTA A LOS INVESTIGADORES

Los individuos de eneatipo 5 tienen dificultades con la vida social porque este tipo de interacciones les resultan agotadoras. Como temen quedarse sin recursos, sienten que necesitan protegerse del agotamiento. Esto los conduce a establecer unos muros sólidos y unos límites fuertes para mantener a las personas a distancia. Por otra parte, como quiere obtener tantos conocimientos como sea posible, lo pasa mal si hay quienes saben más que él o ella. También le cuesta conectar con los demás en el plano emocional. Es un individuo muy cerebral y centrado en el intelecto, por lo que no le resulta fácil identificar sus necesidades.

COMPORTAMIENTOS SALUDABLES

El hecho de centrarse en adquirir conocimientos hace que el eneatipo 5 se convierta en alguien competente y capaz en determinadas áreas de especialización. Son curiosos, perceptivos e ingeniosos, y hábiles a la hora de buscar maneras de aprender, crecer y desarrollarse. Cuando confían en su talento para aprender y crecer, son conscientes de la capacidad que tienen de recargarse, por lo que nunca se agotan del todo. Esto les permite participar en las situaciones sociales sin sentirse abrumados.

COMPORTAMIENTOS NO SALUDABLES

Cuando al eneatipo 5 le abruma el miedo a quedar totalmente agotado, puede retraerse y tener la necesidad de estar solo. Esto puede llevarlo a erigir unos muros extremadamente altos para mantener a todo el mundo fuera de su espacio. A causa de esta necesidad de privacidad, algunos individuos de este eneatipo temen que si hablan aunque sea un poco sobre sí mismos o sobre lo que están sintiendo, será demasiado. Puesto que necesitan parecer competentes y entendidos, tratan de asegurarse de que todo el mundo vea que saben de qué están hablando. A los demás, esta actitud puede parecerles arrogancia intelectual.

VIDA LABORAL

En el lugar de trabajo, el eneatipo 5 es conocido por su capacidad analítica, y se le da excepcionalmente bien concebir estrategias e investigar. Sus colegas y compañeros de trabajo saben que deben acudir a él o ella si necesitan una respuesta a algo. Este eneatipo valora la autonomía en el lugar de trabajo igual que la valora en otras áreas de su vida. Tiende a elegir empleos o profesiones que le permitan trabajar a su propio ritmo y depender de sí mismo; si esto no es posible, debe tener la posibilidad de recargar las pilas.

Al investigador le encanta tener la puerta cerrada; trabaja mejor cuando puede concentrarse en la tarea que tiene entre manos. Tiende a ocultarse detrás de sus conocimientos porque este comportamiento le da una sensación de seguridad; por eso es importante recordarle que es más que lo que sabe. Le cuesta abrirse a los demás, lo cual es comprensible en un entorno profesional, pero esta actitud puede llevarlo a sentirse desconectado de sus compañeros. Si interactúas con un eneatipo 5 en el lugar de trabajo, hazle saber que no solo lo valoras por sus conocimientos y que para ser competente no necesita dominar toda la materia hasta el más mínimo detalle.

VIDA FAMILIAR

El eneatipo 5 es el miembro de la familia al que suele gustarle estar sentado en segundo plano y observar lo que ocurre a su alrededor. Tiende a ser más reservado y a escuchar las conversaciones en lugar de implicarse plenamente en ellas. Sin embargo, es el familiar que siempre tiene una respuesta para cualquier cosa que haya despertado nuestra curiosidad y le encanta compartir sus conocimientos con los demás. Su amor por el conocimiento también hace que quiera saber más sobre los miembros de la familia. El eneatipo 5 puede sentirse más cómodo abriéndose a miembros de su familia que a otras personas con las que se relaciona, pero también en el ámbito familiar puede poner límites, ya que es alguien reservado en general. Es fácil que los grandes encuentros sociales lo agoten, y los eventos familiares no son la excepción. Si uno de tus familiares es un eneatipo 5, permítele tener su espacio y esfuérzate por respetar sus límites.

RELACIONES

La curiosidad prima en la relación con el eneatipo 5, debido sobre todo a lo reservado que es. De todos modos, las personas de este eneatipo son leales y comprensivas con los amigos y la pareja. El investigador valora la independencia en todas las áreas de su vida, y esto incluye también el ámbito de las relaciones. Aprecia que la pareja y los amigos le dejen dedicar tiempo a sus propios intereses y quiere que los demás experimenten esta libertad también. Esto le permite recargarse antes de volver a pasar tiempo en compañía. Puede parecer que no tiene muchas necesidades, pero puede ser que estén ahí, tapadas. Le cuesta comunicarse a veces, y sobre todo no quiere que lo vean como una carga. Trabajar con estas barreras es de ayuda para romper los muros y lograr una mejor comunicación. Si estás en una relación de pareja o de amistad con un eneatipo 5, tienes que saber que quiere estar ahí, pero no trata temas de los que no esté seguro al cien por cien, tras haber procesado todo. Tan solo respeta sus límites.

LOS INVESTIGADORES Y LOS OTROS ENEATIPOS

El eneatipo 5 se lleva bien con los otros eneatipos gracias a su capacidad de ofrecer independencia y autonomía a su pareja y sus amigos. Se exponen a continuación algunas dinámicas que se producen en la relación con este eneatipo.

CON EL ENEATIPO 1:

El eneatipo 5 y el 1 se llevan bien porque ambos piensan de manera lógica y estructurada, pero los dos pueden ser críticos a veces.

CON EL ENEATIPO 2:

Estos dos eneatipos pueden equilibrarse el uno al otro en el aspecto emocional, pero hay muchas diferencias entre ellos. El eneatipo 2 quiere sentirse necesitado, mientras que el 5 quiere asegurarse de no tener necesidades.

CON EL ENEATIPO 3:

Tienen una ética laboral similar y ambos aspiran a dedicarse a las tareas hasta haberlas completado. Los dos son autosuficientes, pero el eneatipo 3 necesita un poco más la aprobación que el 5.

CON EL ENEATIPO 4:

El eneatipo 4 y el 5 se comprenden bien el uno al otro porque están contiguos en el eneagrama. Ambos tienen la mente abierta y son curiosos, si bien el eneatipo 4 puede ser muy sensible a las críticas.

CON EL ENEATIPO 5:

El eneatipo 5 comprende la necesidad de privacidad e independencia que caracteriza a las personas de su mismo eneatipo. Sin embargo, podría ser que compitiesen para ver quién sabe más.

CON EL TIPO 6:

El eneatipo 5 y el 6 tienen un deseo mutuo de conectar en el plano intelectual y quieren comprenderse el uno al otro.

Pero el 6 necesita sentirse seguro en compañía de los demás, y puede ser que el 5 no sea capaz de proporcionar este grado de alivio.

CON EL ENEATIPO 7:

El eneatipo 5 y el 7 se equilibran el uno al otro a veces, y están conectados en el eneagrama. Ambos valoran la independencia; les gusta hacer cosas juntos y también ir cada uno por su lado. Pero puede ser que el 7 tenga mucha más energía y que esto deje agotado al 5.

CON EL ENEATIPO 8:

El eneatipo 5 y el 8 también están conectados en el eneagrama, lo cual hace que se comprendan mutuamente de una manera especial. Ambos son decididos y valoran la independencia, pero pueden ser tercos.

CON EL ENEATIPO 9:

El eneatipo 5 y el 9 respetan la necesidad de espacio personal y privacidad que tiene el otro. El 9 comprende al 5 de una manera que tal vez no esté al alcance de los otros eneatipos. Ambos evitan el conflicto.

Mantras para el investigador

Cuando las cosas se pongan difíciles o siempre que tengas ganas, repite estos mantras y afirmaciones en voz alta o mentalmente para que ello te ayude a centrarte. Puedes repetir una sola de estas declaraciones o decirlas una tras otra.

♡ Necesito a otras personas y otras personas me necesitan a mí.

♡ Sé lo suficiente para proceder.

♡ Elijo conectar con los demás.

♡ Me mantengo comprometido(a) con mi entorno.

♡ Elijo la compasión y busco el conocimiento.

EJERCICIO PARA EL INVESTIGADOR

El objetivo de este ejercicio es ayudarte a saber cómo identificar tus sentimientos y emociones y a conectar con ellos. Como eneatipo 5, puede resultarte difícil, pero estos sentimientos y emociones están ahí.

1. Elige varios momentos del día en los que tomarte uno o dos minutos para reflexionar; por ejemplo, a las nueve de la mañana, a las doce del mediodía, a las tres de la tarde y a las seis de la tarde. Activa la alarma del teléfono para acordarte de hacer una pausa a estas horas.

2. En esos momentos, detente y piensa:

   ¿Qué estoy sintiendo ahora mismo?
   ¿Por qué estoy sintiendo esto?
   ¿Cómo puedo expresar lo que siento?
   ¿Con quién tengo confianza para hablarle de estos sentimientos y emociones?

3. Haz esto durante una semana por lo menos como práctica para identificar tus sentimientos.

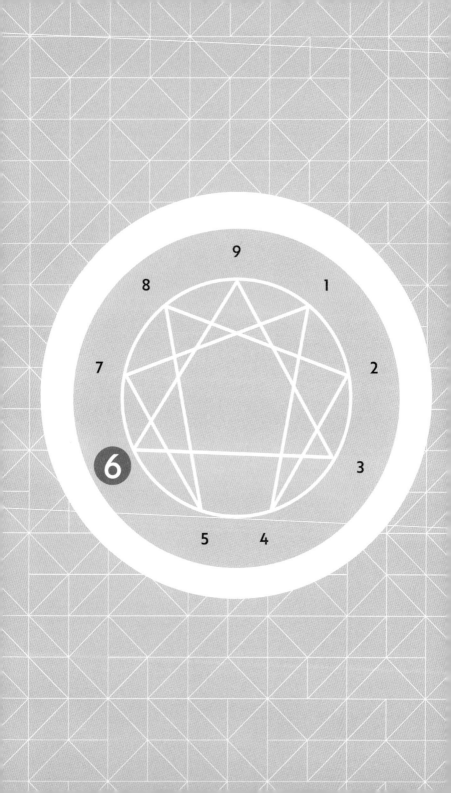

El leal

CÓMO ACTÚAN LOS LEALES

Al eneatipo 6 también se le llama *el leal*, y tal como indica esta palabra, está devotamente comprometido con las personas, las relaciones, el entorno laboral y todo lo demás que hay en su vida. Centrado en la seguridad, no tiene muchos comportamientos que lo saquen de su zona de confort. El leal tiene un sentimiento de responsabilidad hacia quienes le rodean, lo cual se puede traducir en que está comprometido con su relación de pareja o centrado en la comunidad. La confianza es importante para este eneatipo, pero no le resulta fácil experimentarla y a menudo necesita tiempo para abrirse. El eneatipo 6 necesita adelantarse a los acontecimientos, lo cual lo lleva a prepararse para lo que sea.

MOTIVACIONES

Al leal le motiva el deseo de buscar orientación y seguridad en quienes le rodean y en su entorno. Sus comportamientos tienen que ver directamente con la necesidad que tiene de sentirse seguro en cualquier situación en la que se encuentre. Puede ser que busque el consejo de otras personas a la hora de tomar grandes decisiones o si se encuentra en períodos de transición importantes. Esto conduce al leal a conectar con figuras de autoridad. El eneatipo 6 prototípico o bien busca orientación y seguridad en estas figuras, o bien hace exactamente lo contrario de lo que proponen. Otra de sus motivaciones es el miedo al miedo en sí. El miedo está directamente conectado con el sentimiento de falta de seguridad, y por lo tanto motiva comportamientos en él. Otros miedos que tiene el eneatipo 6 son dejar de recibir orientación por parte de alguien que se la está dando o no sentirse seguro en sus relaciones o en su entorno.

Leales famosos

En realidad no sabemos qué motiva a los demás, por lo que esta propuesta de personajes tiene como base la mera observación. Espero que estas conjeturas te ayuden a determinar cuál es tu eneatipo.

- ☆ Ellen DeGeneres
- ☆ Princesa Diana
- ☆ «George Costanza»
- ☆ Jennifer Aniston
- ☆ Mark Twain
- ☆ Ben Affleck

EL PUNTO DE ESTRÉS Y EL DE SEGURIDAD

Cuando se encuentra en una posición saludable o de crecimiento, el eneatipo 6 manifiesta las cualidades positivas del eneatipo 9, el pacificador. Cuando está estresado, expresa características negativas del eneatipo 3, el triunfador.

El eneatipo 6 saludable convierte su miedo en valor. Incorpora las cualidades saludables del eneatipo 9, por lo que se vuelve más empático y comprende mejor a los demás. También es más capaz de fluir y lidiar con los hechos a medida que se presentan en lugar de tener que hacer planes en previsión de todos los escenarios negativos posibles. Empieza a confiar más en sí mismo y en sus decisiones.

El eneatipo 6 estresado asume los atributos negativos del eneatipo 3; por ello, se vuelve más egocéntrico y competitivo, y hace lo que sea necesario para seguir avanzando. También dedica grandes esfuerzos a evitar el fracaso; con este fin, puede ser que rechace las ideas innovadoras y que evite tener nuevas experiencias. El eneatipo 6 estresado también puede pensar que es la única persona capaz de hacer algo en concreto de una determinada manera, lo cual puede interpretarse como arrogancia.

LAS ALAS

Los eneatipos que flanquean al 6 en el eneagrama son el 5 (el investigador) y el 7 (el entusiasta). Estas dos alas pueden afectarle de maneras muy diferentes.

Al eneatipo 6 que tiene fuerte el ala 5 se le llama *el defensor* a causa de la capacidad que tiene de emplear la lógica para defender a las personas más cercanas. A veces, un individuo de eneatipo 6 puede parecer uno de eneatipo 1 o de eneatipo 8 a causa de la capacidad que tiene de luchar por aquello en lo que cree y por su capacidad de organización y autocontrol. Además, el 6 que tiene fuerte el ala 5 es más franco que el 6 promedio; alberga unos valores y unas creencias sólidos, y quiere asegurarse de que se sepa cuáles son. Pero también tiende a aislarse más, sobre todo cuando está ansioso o preocupado.

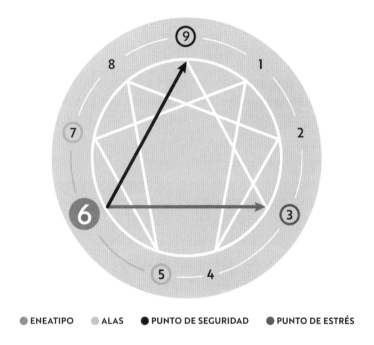

● ENEATIPO   ● ALAS   ● PUNTO DE SEGURIDAD   ● PUNTO DE ESTRÉS

Al eneatipo 6 que tiene fuerte el ala 7 se le llama *el colega*. Se enfoca más en sus relaciones y en lo que puede hacer para prestar apoyo y gustar a los demás. Es más extrovertido y sociable que el 6 prototípico, y tal vez participe en una amplia variedad de actividades y experiencias. Quiere que se le considere un amigo y que se le vea como la persona que está siempre preparada para lo que sea que surja. Es un individuo estable, leal y enfocado en el trabajo conjunto para el mayor bien de todos.

LO QUE LES RESULTA FÁCIL A LOS LEALES

Lo que más necesita el eneatipo 6 es sentirse seguro y a salvo. En consecuencia, tiene un don natural para prever qué debe hacer para preservar esta sensación. Esto suele traducirse en la planificación compulsiva en previsión de múltiples escenarios «por si acaso» y en estar preparado para cualquier cosa que podría ocurrir. También se le da bien permanecer comprometido con aquello que es importante para él o ella: puede tratarse de relaciones personales o el entorno laboral, pero también pueden ser valores, creencias y cuestiones que le apasionan. Como su propio nombre indica (leal), este eneatipo destaca por su lealtad en todos los ámbitos.

LO QUE LES CUESTA A LOS LEALES

El eneatipo 6 experimenta miedo, preocupación y ansiedad a causa de su necesidad de sentirse seguro y a salvo. Le cuesta salir de su zona de confort, porque dejar esta zona no sería el comportamiento más seguro. A este eneatipo puede resultarle agotador tener que estar previendo constantemente qué podría ir mal y estar haciendo siempre planes en previsión de los peores escenarios posibles. Le cuesta confiar en los demás y, también y sobre todo, en sí mismo. A veces se ancla en la indecisión y es incapaz de decidir nada. Quiere manifestar su confianza, pero le cuesta hacerlo con tantos «y si» dando vueltas por su cabeza.

COMPORTAMIENTOS SALUDABLES

El acento que pone el eneatipo 6 en la seguridad suele mantenerlo en situaciones confortables. Pero también lo conduce a planificar y prepararse para situaciones que podrían resultarle incómodas. Cuando el leal sale de su zona de confort, muestra una clase de valor que no es propia de ningún otro eneatipo, a causa de la capacidad que tiene de superar el miedo. El 6 puede confiar en sí mismo y en sus decisiones y mostrarse directo con los demás. Cuando confía en su propia guía, puede llevarse a sí mismo al camino que quiere tomar, en lugar de confiar en la orientación de otras personas.

COMPORTAMIENTOS NO SALUDABLES

Cuando el eneatipo 6 no es capaz de confiar en sí mismo ni en sus decisiones, confía en que otros lo guíen, y puede experimentar resentimiento si siente que no está recibiendo esta orientación. Cuando deja que otros dicten la dirección que debe tomar, puede temer lo que le depara el futuro, en lugar de tomar el control de la situación. La falta de control puede ser una de las causas de la preocupación y la ansiedad que experimenta el eneatipo 6. Piensa en los peores escenarios que podrían darse, porque no confía en que se presente su escenario original. Cuando ocurre esto, necesita enfocarse en fomentar la confianza en sí mismo, lo cual puede conducirlo a la verdadera transformación.

VIDA LABORAL

No resulta sorprendente que en el lugar de trabajo el eneatipo 6 tenga fama de ser leal. Suele estar mucho tiempo en la misma empresa y puede costarle abandonarla. También valora la seguridad en el entorno laboral, como no podría ser de otra manera. La seguridad puede significar cosas diferentes para distintas personas; para el eneatipo 6, tiene que ver con sentirse a gusto con su trabajo, con los otros empleados y con la empresa en sí. Se le da muy bien estar preparado y aportar soluciones. Ayuda a sus colegas y compañeros de trabajo a identificar el problema y a averiguar cómo solucionarlo. Por otra parte, puede dudar de sí mismo en el trabajo, como le ocurre también en otros ámbitos de la vida. Le cuesta confiar en sus propias decisiones y no le resulta fácil creer que es capaz de triunfar. Si interactúas con una persona de eneatipo 6 en el lugar de trabajo, recuérdale que es valiosa para el grupo y que es capaz de concebir soluciones.

VIDA FAMILIAR

El eneatipo 6 valora las relaciones que mantiene con los miembros de su familia a causa de las lealtades establecidas. Las relaciones familiares son importantes porque se siente cómodo con ellas. Son las que conoce desde hace más tiempo y, por tanto, las ha «validado». Sus familiares valoran su capacidad de prepararse para todo, desde llevar refrigerios de más hasta no olvidar nunca la crema solar. Saben que siempre pueden contar con él o ella. Por otra parte, como en otras parcelas de su vida, el eneatipo 6 puede experimentar preocupación o ansiedad, muchas veces por el bienestar de sus familiares. Normalmente no expresa estas preocupaciones, y los demás ni siquiera saben que las alberga. El leal protege a sus familiares con mucha determinación y quiere asegurarse de que se encuentran seguros y a salvo en todo momento. Si uno de tus familiares es un eneatipo 6, asegúrate de mostrarle el mismo tipo de lealtad que él o ella muestra hacia ti.

RELACIONES

Como en otras áreas de su vida, el eneatipo 6 es extremadamente leal como amigo o pareja. Aporta sus propios valores y creencias a la relación, y no espera que su pareja o sus amigos cambien su forma de ser. Permite los aspectos individuales que se manifiestan de forma natural en las relaciones. Y si bien el eneatipo 6 prototípico tiende a preocuparse y sentirse ansioso, también tiene un carácter lúdico y le gusta bromear. Es honesto y digno de confianza, y cumple sus promesas. Se asegura de satisfacer las necesidades de las personas cercanas y de que reciban la atención precisa. Puesto que tiende a experimentar preocupación e inseguridad, es importante que reciba este mismo amor y este mismo cuidado a cambio. Si estás en algún tipo de relación con alguien de eneatipo 6, acepta estos miedos y preocupaciones en lugar de desdeñarlos y ayúdalo a superarlos.

LOS LEALES Y LOS OTROS ENEATIPOS

El eneatipo 6 se lleva bien con los otros eneatipos a causa de su inmensa lealtad y de la gran compasión que tiene por los demás. Se exponen a continuación algunas dinámicas que pueden darse en la relación con este eneatipo.

CON EL ENEATIPO 1:

Tanto el eneatipo 6 como el 1 son responsables y procuran hacer lo correcto. Ambos también muestran lealtad, y los dos pueden ser críticos y sensibles a las críticas.

CON EL ENEATIPO 2:

El eneatipo 6 y el 2 se llevan bien porque ambos valoran las relaciones y se comprometen el uno con el otro. Ambos pueden caer en la dilación a veces.

CON EL ENEATIPO 3:

El eneatipo 6 y el 3 pueden comprenderse bien el uno al otro porque están conectados en el eneagrama. Ambos están enfocados en el servicio y les gusta ver resultados, pero el 6 tiende a ser más indeciso.

CON EL ENEATIPO 4:

Estos dos eneatipos pueden apoyarse mucho entre sí y satisfacer sus necesidades respectivas. El 6 se siente comprendido por el 4, y el 4 se siente cuidado por el 6, pero los dos pueden ponerse de mal humor cuando están estresados.

CON EL ENEATIPO 5:

El eneatipo 6 y el 5 pueden tener una buena relación porque están contiguos en el eneagrama. Ambos desean que se respeten sus límites. El 6 valora el carácter decidido del 5 porque no es una cualidad que tenga de forma natural.

CON EL ENEATIPO 6:

Los de eneatipo 6 comprenden sus miedos y preocupaciones respectivos. Sienten que la otra persona los entiende realmente. Pero pueden alimentar sus miedos y preocupaciones respectivos y quedar atascados, sin saber cómo avanzar.

CON EL ENEATIPO 7:

Estos dos eneatipos se equilibran entre sí de muchas maneras. El eneatipo 7 puede sacar al 6 de su zona de confort, y el eneatipo 6 puede recordarle al 7 que baje el ritmo. Pero los miedos y preocupaciones del 6 pueden abrumar al 7.

CON EL ENEATIPO 8:

Tanto el eneatipo 6 como el 8 protegen mucho a las personas que forman parte de su vida. Además, ambos sienten pasión por la lealtad y la honestidad. Pero a ambos les cuesta confiar al principio y les puede llevar algo de tiempo abrirse el uno al otro.

CON EL ENEATIPO 9:

El eneatipo 6 y el 9 están conectados en el eneagrama, y por lo tanto pueden comprender sus motivaciones respectivas. Para los dos son importantes la comodidad y los entornos apacibles. Pero ambos pueden ser indecisos a veces.

Mantras para el leal

Cuando las cosas se pongan difíciles o siempre que tengas ganas, repite estos mantras y afirmaciones en voz alta o mentalmente para que ello te ayude a centrarte. Puedes repetir una sola de estas declaraciones o decirlas una tras otra.

♡ Confío en mí mismo(a) y en mis decisiones.

♡ En este momento estoy a salvo.

♡ Estoy anclado(a) en mi ser.

♡ Tengo el control de mi vida.

♡ Hay personas que me apoyan y me aman.

EJERCICIO PARA EL LEAL

El propósito de este ejercicio es que aprendas a confiar en tu mente, tu cuerpo y tu instinto. Ya tienes el conocimiento que te permite hacerlo; solo tienes que aplicarlo. Cuando confíes en ti descubrirás una nueva seguridad en ti mismo.

1. Piensa en todas las ocasiones en las que has sido capaz de confiar en ti mismo y en cosas que te han salido bien (decisiones que has tomado, pasos que has dado).

2. A continuación piensa en cosas que hayan salido mal, sobre todo después de haberte apoyado en otra persona. Cuando te venga a la memoria un suceso, hazte estas preguntas:

   ¿Buscaste el consejo de alguien y el resultado no fue bueno?
   ¿Confiaste en que alguien hiciese su parte?
   ¿Por qué confías en otras personas más que en ti mismo(a)?
   ¿Qué te estás perdiendo por no ser valiente o no confiar en ti mismo(a)?

El entusiasta

CÓMO ACTÚAN LOS ENTUSIASTAS

El eneatipo 7, o entusiasta, es prototípicamente el más extrovertido del eneagrama. Como sugiere la palabra que lo define, es vitalista y propenso a entusiasmarse, y tiene una visión positiva de la vida. Al entusiasta le encanta tener nuevas experiencias y aventuras, porque no le gusta aburrirse. Se le da muy bien generar ideas nuevas, gracias a su creatividad y su capacidad de salirse del pensamiento convencional. El eneatipo 7 suele evitar toda negatividad, lo cual puede hacer que oculte las experiencias difíciles o dolorosas. Anima a los demás a ver el vaso medio lleno e irradia brillo allí adonde va.

MOTIVACIONES

Al eneatipo 7 le motiva el deseo de divertirse y experimentar cosas nuevas, y también busca la alegría. El deseo que tiene de estar contento y satisfecho hace que se apresure a seguir adelante o a concebir ideas o aventuras nuevas. Le resulta difícil estar satisfecho en el momento presente. Al entusiasta también le motiva el miedo a perderse algo. Pero lo que más teme es quedar atrapado en el dolor emocional, ya que evita la negatividad. Tiende a evitar cualquier dolor y sufrimiento emocional haciendo aquello que le aporta más alegría y felicidad. Esto puede hacer que nunca se enfrente a las cuestiones duras, por lo que no dejan de acecharlo a lo largo de los años.

Entusiastas famosos

En realidad no sabemos qué motiva a los demás, por lo que esta propuesta de personajes tiene como base la mera observación. Espero que estas conjeturas te ayuden a determinar cuál es tu eneatipo.

- ☆ Robin Williams
- ☆ Amelia Earhart
- ☆ Steven Spielberg
- ☆ Jim Carrey
- ☆ Katy Perry
- ☆ Britney Spears

EL PUNTO DE ESTRÉS Y EL DE SEGURIDAD

Cuando se encuentra en una posición no saludable o en un estado de estrés, el eneatipo 7 tiende a asumir las características negativas del eneatipo 1, el reformador. Pero también puede acceder a las cualidades positivas del eneatipo 5, el investigador; esto es así cuando se encuentra en un espacio de crecimiento.

Cuando está estresado, el 7 manifiesta atributos negativos del 1; es crítico y moralista, y siente la necesidad de esforzarse por alcanzar la perfección. Se centra demasiado en las imperfecciones de los demás y se vuelve más estructurado; se pone limitaciones a sí mismo y también pone límites a lo que puede hacer.

Cuando se encuentra en un espacio saludable o de crecimiento, el eneatipo 7 puede acceder a las cualidades saludables del eneatipo 5. Esto le permite desacelerar, descansar y enfocar la atención en adquirir conocimientos y sabiduría. También es capaz de acceder a todas las facetas de la vida. En este caso, ello implica que no huye de la negatividad, sino que la acepta como tal.

LAS ALAS

Las alas del eneatipo 7 son el eneatipo 6 (el leal) y el eneatipo 8 (el desafiador). Ambos hacen que el 7 difiera un poco del modelo prototípico, según cuál sea el ala más fuerte.

El eneatipo 7 que tiene fuerte el ala 6 es más templado que el eneatipo 7 promedio. Más enfocado en las relaciones, tiene un fuerte deseo de vivir experiencias nuevas con otras personas. Está muy comprometido con su gente y espera esto mismo de los demás. Le gusta la aventura, como al 7 prototípico, pero puede pensárselo un poco más antes de lanzarse.

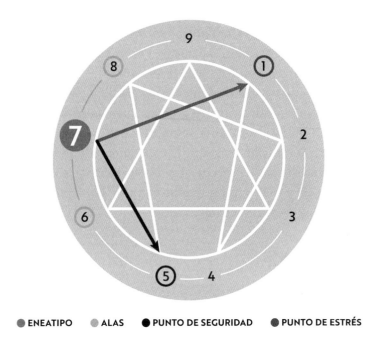

El eneatipo 7 que tiene fuerte el ala 8 es más decidido y directo. Le preocupa menos lo que piensen de él o ella porque no quiere perder tiempo con las opiniones ajenas. Es una persona más segura de sí misma y su grado de energía puede ser intenso.

LO QUE LES RESULTA FÁCIL A LOS ENTUSIASTAS

Para el entusiasta es natural encontrar el lado bueno de toda situación. Siempre es capaz de encontrar algo positivo cuando la negatividad empieza a filtrarse. Para el eneatipo 7 también es natural alentar y animar a su gente. Como su nombre indica, se muestra entusiasmado a la hora de ayudar a los demás a ver todo lo que tiene por ofrecer la vida. Le resulta fácil ver el vaso medio lleno porque la negatividad no es una opción para este eneatipo. También le resulta fácil ser sociable; es una consecuencia del amor que siente por el ser humano y la aventura.

LO QUE LES CUESTA A LOS ENTUSIASTAS

Al entusiasta le resulta extremadamente duro lidiar con cualquier tipo de negatividad. Evita todo aquello que lo abatiría y lo reprime siempre que le es posible. Otro problema que tiene es que siente que la duración de los días no le basta para hacer todo lo que quiere hacer. Esto puede llevarlo a atiborrar su agenda y a ser incapaz de bajar el ritmo. Al eneatipo 7 también puede costarle perseverar en las tareas. Se le da muy bien gestar ideas nuevas, pero le puede resultar difícil ejecutarlas hasta el final. Esto se debe a que su mente está pensando constantemente en lo siguiente.

COMPORTAMIENTOS SALUDABLES

La capacidad que tiene el eneatipo 7 de ver el lado positivo de las cosas le conduce a inspirar a los demás. Su energía positiva casi puede ser contagiosa, pues las otras personas no pueden sino ver los asuntos desde una perspectiva positiva cuando los contemplan desde el punto de vista del eneatipo 7. De todos modos, cuando el entusiasta acepta la negatividad como lo que es, es capaz de convertirse en su versión más saludable; en este caso puede soltar las expectativas que tiene respecto a sí mismo de estar siempre feliz y activo. La necesidad del 7 de tener experiencias nuevas hace que sea alguien seguro de sí mismo, con espíritu de aventura y aparentemente capaz de comerse el mundo. Su curiosidad natural lo lleva a buscar respuestas y a descubrir qué puede ofrecer la vida.

COMPORTAMIENTOS NO SALUDABLES

Cuando el eneatipo 7 no está contento, está haciendo cosas todo el rato con el objetivo de sentirse satisfecho. No tarda en dejar cualquier situación o experiencia presente. Incapaz de bajar el ritmo, solo está centrado en sí mismo y en lo que pueda hacer para evitar cualquier tipo de negatividad. Como siempre necesita estar en marcha, es propenso a experimentar desgaste y a quedar agotado. Es posible que el eneatipo 7 no sea capaz de estar presente, sino que prefiera vivir en un mundo de fantasía en lo profundo de su imaginación. En consecuencia, puede acabar por sentir que nunca será capaz de encontrar la satisfacción o de averiguar qué quiere de la vida.

VIDA LABORAL

Es fácil identificar a un eneatipo 7 en el lugar de trabajo a causa de la energía y la creatividad que emana. Este eneatipo es extremadamente positivo en el trabajo, como lo es en otras áreas de su vida. Es capaz de convertir los fracasos o los errores en una experiencia de aprendizaje y de ver los aspectos positivos que derivan de ellos. En el lugar de trabajo específicamente, se le da muy bien generar ideas nuevas y múltiples soluciones. Piensa con rapidez y puede empezar a ejecutar las ideas nuevas de forma impulsiva. Por otra parte, el eneatipo 7 suele destacar como el colega que quiere celebrarlo todo. Le encanta encontrar información sobre sus compañeros de trabajo e iniciar conversaciones. También quiere saber cuál es la mejor manera de alentar a sus colegas y compañeros de trabajo. Puede costarle mantenerse concentrado en el lugar de trabajo, porque su mente tiende a ir en varias direcciones. Si trabajas con un individuo de eneatipo 7, es importante que lo ayudes a volver a enfocarse en la tarea que esté realizando en ese momento.

VIDA FAMILIAR

Si en tu familia hay alguna persona de eneatipo 7, es probable que sea la que está contando chistes todo el rato y haciendo que los demás se rían. Los individuos de este eneatipo alientan a sus familiares a tener una actitud positiva y a mirar el lado bueno de las cosas, incluso en los peores momentos. Inspiran a la familia a vivir la vida al máximo y a tener grandes sueños. El 7 se asegura de que no falten aventuras y momentos emocionantes en la familia. Esto puede traducirse en planificar unas vacaciones originales o en asegurarse de que los fines de semana estén llenos de actividades divertidas. Como suele tener dificultades para concentrarse, puede costarle permanecer presente en las conversaciones familiares serias, sobre todo si implican algún tipo de cuestión negativa. Puesto que evita totalmente la negatividad, puede ser que oculte cómo se siente respecto a ciertos asuntos y se centre solo en las emociones positivas. Ahora bien, hay algo seguro: con una persona de eneatipo 7 en la familia, no hay ningún momento aburrido.

RELACIONES

Cuando el eneatipo 7 está en una relación romántica, es alguien extremadamente comprometido. Sin embargo, puede costarle llegar a este punto, a causa del miedo que tiene a sentirse atado. Para que la relación romántica funcione, necesita contar con libertad e independencia. Este eneatipo aporta mucha diversión y emoción a las relaciones románticas. Es atento y generoso, y le encanta alentar a su pareja a ir tras sus sueños. Es el mayor animador de su pareja y quiere recibir esto mismo a cambio. Puede costarle bajar el ritmo, y hay que recordarle que la vida no consiste solamente en estar en marcha todo el tiempo.

Si estás en una relación con una persona de eneatipo 7, recuérdale que hay mucho por ver en las cosas simples de la vida también. Recuérdale que puede bajar el ritmo y asimilarlo todo, y que no se perderá nada si decide tener esta actitud. Por otra parte, puedes tener la seguridad de que la diversión está garantizada.

LOS ENTUSIASTAS Y LOS OTROS ENEATIPOS

Normalmente es fácil llevarse bien con las personas de eneatipo 7, gracias a su actitud positiva. Se exponen a continuación algunas dinámicas que pueden darse en la relación con este eneatipo.

CON EL ENEATIPO 1:

Pueden apoyarse mucho mutuamente, porque se equilibran. El eneatipo 1 puede ayudar al 7 a regirse más por unos principios, y el eneatipo 7 puede ayudar al 1 a vivir la vida al máximo.

CON EL ENEATIPO 2:

Estos dos eneatipos pueden parecer similares a veces. Pero el eneatipo 2 puede ayudar al 7 a aprender a expresar sus sentimientos, mientras que el 7 puede ayudar al 2 a aprender a hacer lo que realmente quiere hacer.

CON EL ENEATIPO 3:

Ambos tienen mucha energía y se les da muy bien generar ideas. El eneatipo 3 puede alentar al 7 a enfocarse más en el objetivo final.

CON EL ENEATIPO 4:

A veces parecen iguales porque ambos son creativos y eclécticos. Pero el eneatipo 7 quiere evitar toda negatividad, mientras que al 4 le gusta experimentar la tristeza en ocasiones.

CON EL ENEATIPO 5:

El eneatipo 5 y el 7 pueden comprenderse el uno al otro porque están conectados en el eneagrama. El 5 le puede recordar al 7 que desacelere y descanse, y el 7 puede sacar al 5 de su zona de confort.

CON EL ENEATIPO 6:

Estos dos eneatipos se equilibran porque ambos pasan mucho tiempo en su cabeza. Al 7 se le da muy bien generar ideas, y el 6 ayuda a ponerlas en práctica.

CON EL ENEATIPO 7:

Cuando se juntan personas de eneatipo 7, generan una cantidad inmensa de energía y optimismo. Puede costarles abordar los conflictos o la negatividad.

CON EL ENEATIPO 8:

El eneatipo 7 y el 8 se pueden comprender bien entre sí porque están contiguos en el eneagrama. Ambos son apasionados e independientes. El eneatipo 7 puede incitar al 8 a soltarse y divertirse.

CON EL ENEATIPO 9:

Pueden entenderse porque ambos evitan el conflicto y la negatividad. El eneatipo 7 puede ayudar al 9 a salir de su zona de confort, y el eneatipo 9 puede ayudar al 7 a relajarse y desacelerar.

Mantras para el entusiasta

Cuando las cosas se pongan difíciles o siempre que tengas ganas, repite estos mantras y afirmaciones en voz alta o mentalmente para que ello te ayude a centrarte. Puedes repetir una sola de estas declaraciones o decirlas una tras otra.

♡ Estoy justo donde se supone que tengo que estar.

♡ Confío en mí mismo(a).

♡ Estoy satisfecho(a) con lo que tengo.

♡ Soy libre de ser yo mismo(a).

♡ Estoy agradecido(a) por todo.

EJERCICIO PARA EL ENTUSIASTA

El objetivo de este ejercicio es abordar cualquier negatividad o emoción difícil que puedas haber estado evitando. Como ya sabemos, el eneatipo 7 tiende a enfocarse en todos los aspectos positivos de la vida y a soterrar cualquier tipo de dolor emocional que esté experimentando. Al dar continuidad a esta actitud, no es capaz de trabajar con los temas difíciles. Está bien que sientas que este trabajo te saca de tu zona de confort, pero te será útil acoger estas emociones. Como llevas tanto tiempo sin ocuparte de ellas, este ejercicio puede resultarte difícil al principio.

1. En lugar de enfocarte en lo positivo que ha ocurrido solamente, reflexiona sobre sucesos del día que no te hayan gustado. Identifica algo negativo que puedas estar experimentando.

2. Puedes hacer otra cosa mientras estés pensando en estas emociones, como escuchar música, dar un paseo o ir a un lugar seguro y confortable. Hagas lo que hagas, no te critiques por experimentar incomodidad.

3. Haz esto durante una semana y acepta de buen grado no sentirte a gusto a veces. Cuanto más afrontes sentimientos o asuntos incómodos, más probable será que trabajes en ellos y encuentres soluciones.

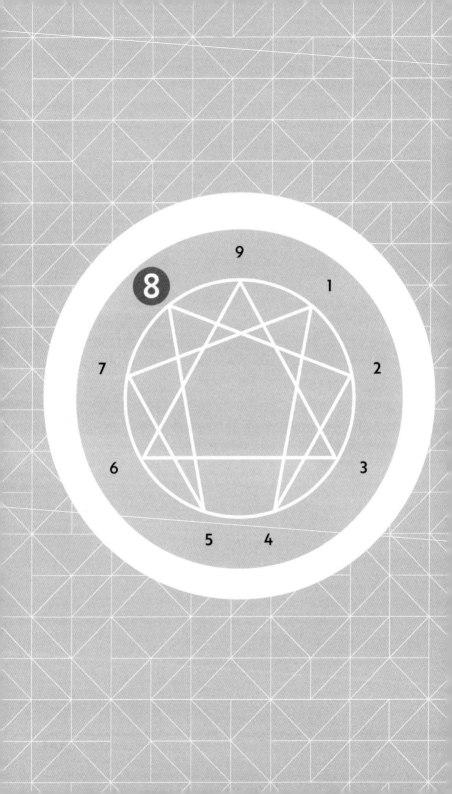

El desafiador

CÓMO ACTÚAN LOS DESAFIADORES

El eneatipo 8, o desafiador, es franco y asertivo y le gusta estar al mando. Tiene unas cualidades excepcionales como líder, a causa de la capacidad que tiene de delegar y de lograr que se hagan las cosas. El desafiador es extremadamente independiente y no quiere depender de nadie para satisfacer sus necesidades. Centrado en autoprotegerse y proteger a los demás, se esfuerza por asegurarse de que no haya quien se aproveche de las personas; defiende a los débiles. El eneatipo 8 toma decisiones con rapidez y confía en su instinto para confirmar que está haciendo lo correcto. Suele tener una presencia fuerte que oculta un espacio interior vulnerable que no quiere que vean los demás.

MOTIVACIONES

Al eneatipo 8 le motiva el deseo de autoprotegerse y proteger a otros. Este deseo suele manifestarse como la necesidad de tener el control. Si conserva el control, puede protegerse a sí mismo. También desea preservar su independencia con el fin de sentirse fuerte y capaz. La razón de ello es que teme que lo vean como alguien débil, indefenso o sometido a algún tipo de control externo. Puede creer que mostrar emociones o sentimientos es signo de debilidad. Tiende a plantar cara a la vulnerabilidad, porque no quiere que lo vean como alguien vulnerable. También desea proteger a otras personas asegurándose de que se sientan preparadas para defenderse por sí mismas.

Desafiadores famosos

En realidad no sabemos qué motiva a los demás, por lo que esta propuesta de personajes tiene como base la mera observación. Espero que estas conjeturas te ayuden a determinar cuál es tu eneatipo.

- ☆ Martin Luther King, Jr.
- ☆ «Katniss Everdeen»
- ☆ Serena Williams
- ☆ Dr. Phil
- ☆ Chelsea Handler
- ☆ Clint Eastwood

EL PUNTO DE ESTRÉS Y EL DE SEGURIDAD

Prototípicamente, el eneatipo 8 manifiesta las características negativas del eneatipo 5 (el investigador) cuando está estresado o en una posición no saludable. Y puede acceder a las cualidades positivas del eneatipo 2 (el ayudador) cuando está en una dinámica de crecimiento.

Cuando está estresado, el eneatipo 8 incorpora los atributos negativos del 5; entonces se retrae y se aísla de los demás. Erige altos muros y establece unos límites contundentes para protegerse. También puede empezar a desconfiar de los demás y a depender de sí mismo exclusivamente.

Cuando se encuentra en un espacio interno bueno o saludable, el eneatipo 8 puede expresar las cualidades positivas del eneatipo 2 y utilizar su fuerza para contribuir a mejorar la vida de los demás. También antepone las necesidades de otros a las suyas y se muestra muy altruista. En esos momentos está más en contacto con sus emociones y es más empático.

LAS ALAS

Las alas del eneatipo 8 son el eneatipo 7 (el entusiasta) y el 9 (el pacificador). En principio, estas alas difieren mucho entre sí y pueden cambiar drásticamente las características de este eneatipo. En cualquier caso, es importante recordar que la motivación fundamental es siempre la del eneatipo principal.

El 8 que tiene fuerte el ala 7 es más extrovertido y tiene más energía que el 8 prototípico. Suele ser más brusco y directo. También piensa con muchísima rapidez y puede ser más impulsivo y rápido a la hora de tomar decisiones.

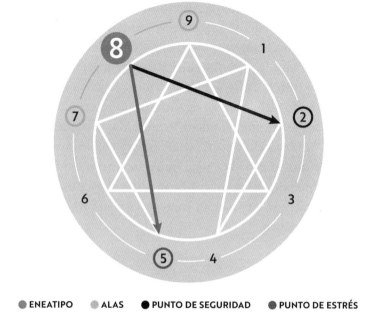

● ENEATIPO ● ALAS ● PUNTO DE SEGURIDAD ● PUNTO DE ESTRÉS

El eneatipo 8 que tiene fuerte el ala 9 puede ser más tranquilo que el 8 típico. Suele ser capaz de lidiar con el conflicto, pero no es algo que quiera hacer necesariamente. Es más paciente y compasivo que el eneatipo 8 que tiene fuerte el ala 7. Está más enfocado en la comodidad y manifiesta una fortaleza amable.

LO QUE LES RESULTA FÁCIL A LOS DESAFIADORES

El desafiador es directo con sus palabras y sus comportamientos. Nunca tienes que preguntarte en qué punto está tu relación con él o ella o cuál es su sentir acerca de algo. Al eneatipo 8 también se le dan muy bien las posiciones de liderazgo. Su disposición a hacer los trabajos duros y a defender a los vulnerables es inspiradora para los demás. Suele suscitar admiración por su fuerte personalidad y su carácter decidido. También se le da bien manejar el conflicto si se encuentra con él. No rehúsa las peleas y espera que los demás tengan esta misma mentalidad.

LO QUE LES CUESTA A LOS DESAFIADORES

Al eneatipo 8 realmente le cuesta soltar el control. Para la mayoría de los individuos de este eneatipo, el control no tiene que ver con controlar a otras personas, sino con saber cuál es el plan, ceñirse a él y hacer que las cosas vayan como quieren. Al desafiador le cuesta ser flexible y realizar ajustes cuando los planes se tuercen. También tiene problemas con las personas que no saben cómo hacerse oír de manera efectiva. Querría que los demás fuesen tan directos como él o ella, y no entiende por qué la gente no dice lo que quiere decir, sin más. Al eneatipo 8 le resulta difícil aceptar que la gente no haga siempre las cosas como él o ella las hace.

COMPORTAMIENTOS SALUDABLES

El carácter protector del eneatipo 8 puede conducirlo a tener actitudes que dejen huella en otras personas. Su necesidad de mejorar el mundo que lo rodea hace de él o ella una fuerza impulsora del cambio. El 8 quiere que todo el mundo ejerza su derecho a expresarse; alienta a los demás a decir su verdad y a mantenerse firmes. Es un líder natural en todos los entornos y muestra compasión y una fuerza amable con quienes están a su alrededor. Su deseo de servir a los demás de una manera que tenga impacto hace que se muestre amable y atento con quienes más lo necesitan.

COMPORTAMIENTOS NO SALUDABLES

Cuando el eneatipo 8 es incapaz de autoprotegerse y proteger a los demás, hace todo lo que puede para volver a tener esta capacidad. A menudo esto se traduce en que parece que necesite controlar su entorno. Tiene tendencia a erigir unos muros altos para mantener a los demás fuera de su espacio, sobre todo si ya han cruzado sus límites. Puesto que está tan enfocado en no parecer débil, a veces puede dar la impresión de ser demasiado competitivo o agresivo. Para el eneatipo 8, la debilidad está asociada con la indefensión, por lo que se asegura de conservar el control y de mantenerse en una posición de poder.

VIDA LABORAL

El eneatipo 8 es el líder natural al que admiran colegas y compañeros de trabajo y a quien buscan para que los oriente. Es fácil saber si hay un eneatipo 8 en la sala, porque irradia una presencia poderosa y deja claro que le gusta estar al mando. Las otras personas nunca necesitan preguntarse en qué posición están respecto a él, porque no tiene problemas en decir lo que piensa; es brutalmente honesto, sobre todo si pretende que haya cambios en un área en concreto. El eneatipo 8 brilla en la compleción de las tareas. Sus supervisores, colegas y compañeros de trabajo saben que tienen que acudir a él o ella si necesitan que alguien los ayude a ver el cuadro completo. El desafiador también sabe cómo delegar si es necesario. Tiende a pasarlo mal en el lugar de trabajo cuando las cosas no van como quiere o cuando no las controla. Tiene que aprender a adaptarse y seguir adelante cuando se producen estas situaciones. Si uno de tus colegas o compañeros de trabajo es un eneatipo 8, sé directo con él o ella y haz lo que hayas dicho que vas a hacer.

VIDA FAMILIAR

Al eneatipo 8 le apasiona defender y proteger a sus familiares. También los alienta a defenderse por sí mismos y a luchar por aquello que quieren. Irradia una presencia fuerte, incluso en el ámbito familiar. Es el líder de la familia y le gusta ocuparse de planificar las actividades familiares o delegar tareas. No evita los debates familiares ni las conversaciones tensas; de hecho, considera que son un componente necesario de las relaciones fuertes. A veces tiene una mentalidad del tipo «a mi manera o ya puedes irte» y puede ser inflexible frente al cambio. Pero su tono de voz fuerte suele deberse a la pasión, no al enojo. Si uno de tus familiares es un eneatipo 8, intenta ser tan honesto y directo con él o ella como él o ella es contigo; va a respetar este comportamiento.

RELACIONES

El eneatipo 8 rebosa pasión en las relaciones románticas. No se muestra apasionado con su pareja solamente, sino también con la relación en sí. No quiere fallar. El desafiador no tiene problemas para expresar sus deseos, y muchas veces le gustaría que su pareja fuese igual de directa y honesta a su vez. Como otros eneatipos, el 8 necesita gozar de algo de independencia y libertad en sus relaciones. Para él o ella, *independencia* significa poder realizar sus propias actividades y tener sus propias aficiones además de las que comparte con su pareja. El eneatipo 8 quiere lo mejor para su pareja y la empoderará para que consiga sus objetivos y llegue a ser quien quiere ser. Ahora bien, puede costarle soltar el control y asocia el hecho de tener necesidades con parecer débil. Si estás en una relación con un individuo de este eneatipo, dale la independencia que necesita, pero sé también un espacio seguro al que pueda acudir y aliéntalo a deponer sus defensas.

LOS DESAFIADORES Y LOS OTROS ENEATIPOS

El eneatipo 8 desea con fuerza proteger a quienes le rodean, y esto suele ser manifiesto en las relaciones. Se exponen a continuación algunas dinámicas que pueden darse en la relación con los individuos de eneatipo 8.

CON EL ENEATIPO 1:

Estos dos eneatipos pueden constituir una combinación potente a causa del acento que ponen ambos en la verdad, la honestidad y la lucha contra la injusticia. Pero ambos pueden ser tercos a veces.

CON EL ENEATIPO 2:

Estos dos eneatipos pueden equilibrarse entre sí porque están conectados en el eneagrama. El eneatipo 2 puede ayudar al 8 a estar más en contacto con sus propios sentimientos y emociones, mientras que el eneatipo 8 puede ayudar al 2 a defenderse por sí mismo.

CON EL ENEATIPO 3:

Estos dos eneatipos pueden parecer muy similares porque ambos son determinados y capaces de abordar tareas hasta el final. El eneatipo 8 puede ayudar al 3 a preocuparse menos por lo que puedan pensar de él o ella los demás.

CON EL ENEATIPO 4:

Estos dos eneatipos pueden ser extremadamente apasionados e intensos. El eneatipo 4 puede mostrarle al 8 cómo ser más autocrítico, y el eneatipo 8 puede mostrarle al 4 cómo confiar en su propio instinto.

CON EL ENEATIPO 5:

En principio, el eneatipo 5 y el 8 tienen lo que necesita el otro. Por ejemplo, el eneatipo 5 necesita a alguien que le enseñe a ser más directo y a estar más implicado con el mundo, mientras que el eneatipo 8 necesita aprender a bajar el ritmo y a pensar antes de reaccionar. Se equilibran muy bien entre sí.

CON EL ENEATIPO 6:

El eneatipo 6 puede ser un consejero de confianza para el 8, al ayudarlo a contemplar múltiples escenarios. El eneatipo 8 puede enseñarle al 6 a ser más decidido.

CON EL ENEATIPO 7:

A estos dos eneatipos les encantan las experiencias nuevas. Ambos son independientes y les gusta hacer las cosas a su manera, pero pueden alejar al otro a causa de esto mismo precisamente.

CON EL ENEATIPO 8:

Dos personas de eneatipo 8 pueden constituir una combinación intensa debido a la relación que este eneatipo tiene con el control. Pueden entrar en conflicto a causa de ello. Pero se respetan mutuamente de manera profunda a causa de que ambos son individuos seguros de sí mismos, honestos y protectores.

CON EL ENEATIPO 9:

Estos dos eneatipos son opuestos en muchos sentidos, lo cual puede ser bueno. El eneatipo 8 puede ayudar al 9 a confiar en sí mismo y autoafirmarse, mientras que el eneatipo 9 ofrece un entorno tranquilo y estable al 8.

Mantras para el desafiador

Cuando las cosas se pongan difíciles o siempre que tengas ganas, repite estos mantras y afirmaciones en voz alta o mentalmente para que ello te ayude a centrarte. Puedes repetir una sola de estas declaraciones o decirlas una tras otra.

♡ Vulnerabilidad no es lo mismo que debilidad.

♡ Confío en mí mismo(a) y en los demás.

♡ Tengo el control de mi vida.

♡ Puedo aceptar los puntos de vista de otras personas.

♡ Soy fuerte y capaz.

EJERCICIO PARA EL DESAFIADOR

El objetivo de este ejercicio es alentar al eneatipo 8 a detenerse y pensar antes de reaccionar. El eneatipo 8 confía en su instinto para tomar decisiones, por lo que puede ser bastante impulsivo. Esto no es siempre negativo, pero puede hacer que se muestre impaciente y exigente con los demás. Le resultará beneficioso entrenar a su cerebro a hacer una pausa cuando sienta que aparece un impulso. En esta pausa, se preguntará por qué quiere reaccionar de esta manera.

1. Siempre que surja un impulso, haz una pausa y pregúntate lo siguiente:

    ¿Por qué necesito actuar inmediatamente?
    ¿Qué es lo peor que podría pasar si no actúo enseguida?

2. Al hacer una pausa para reflexionar, has interrumpido el impulso. Ahora decide si vale la pena realizar esta acción, comunicar esta opinión o decir estas palabras.

3. Sé amable contigo mismo, pues te puede llevar algo de tiempo incorporar esta actitud de contención. No siempre lo harás perfectamente. Con el tiempo, se te irá dando mejor.

El pacificador

CÓMO ACTÚAN LOS PACIFICADORES

El eneatipo 9, el pacificador, es amable y empático, y se enfoca en conservar la paz en el entorno. El pacificador suele ser capaz de fluir, debido a su deseo de asegurarse de que todo el mundo está bien y contento. Es accesible y no suele juzgar a las personas con las que interactúa. Odia el conflicto y lo evita a toda costa, puesto que altera el entorno apacible que trata de mantener. Al eneatipo 9 le cuesta expresar su opinión o sus sentimientos si existe la posibilidad de que ello dé lugar a un conflicto.

MOTIVACIONES

Al eneatipo 9 le motiva la necesidad de conservar la paz en su entorno. Todo lo que hace tiene como objetivo que la paz perdure. Por norma, quiere que todo el mundo se lleve bien y que todos estén felices y contentos. Por esta razón, puede costarle tomar decisiones o expresar opiniones, sobre todo si existe la posibilidad de que ello perturbe la paz. Evitar el conflicto es una motivación integral para el pacificador. También teme alejar a las personas; por esta razón, suele ceder ante los deseos y necesidades de los demás. De resultas de ello, puede experimentar resentimiento y alejar efectivamente a las personas, lo cual es justo lo que quiere evitar.

Pacificadores famosos

En realidad no sabemos qué motiva a los demás, por lo que esta propuesta de personajes tiene como base la mera observación. Espero que estas conjeturas te ayuden a determinar cuál es tu eneatipo.

☆ James Taylor

☆ Audrey Hepburn

☆ Fred Rogers
(«Mr. Rogers»)

☆ Jim Henson

☆ Zooey Deschanel

☆ Marie Kondo

EL PUNTO DE ESTRÉS Y EL DE SEGURIDAD

Cuando está estresado, el eneatipo 9 incorpora las características no saludables del eneatipo 6, el leal. En cambio, cuando se encuentra en una posición saludable o en la que puede crecer, asume las cualidades positivas del eneatipo 3, el triunfador.

Cuando está estresado o no se encuentra en un buen espacio interior, presenta las características negativas del eneatipo 6; pasa a estar más preocupado o ansioso y dedica tiempo a pensar demasiado en cuestiones que escapan a su control. También pasa a enfocarse muchísimo en los peores escenarios posibles y planifica en exceso para evitarlos. Además, es habitual que se sienta inseguro.

Cuando se encuentra en una dinámica de crecimiento o en un buen espacio interior, incorpora las cualidades positivas del eneatipo 3. Entonces puede sentirse extremadamente motivado e impulsado a hacer las tareas. Toma mucho interés en aquello que le apasiona y quiere establecer objetivos y alcanzarlos. Se siente más seguro de sí mismo y quiere alentar a otras personas a que también se sientan así.

LAS ALAS

Las alas del eneatipo 9 son los eneatipos 8 y 1. Esto es interesante, porque tanto el eneatipo 8, el desafiador, como el 1, el reformador, parecen ser muy diferentes del 9. El caso es que las características de estos dos eneatipos realzan la personalidad general del eneatipo 9.

Puesto que este eneatipo quiere que los demás se sientan a gusto y felices, si tiene fuerte el ala 1 se centra más en hacer lo correcto en todo lo que pueda afectar a quienes le rodean. Se enfoca más en la justicia, en la equidad y en asegurarse de que se siguen las reglas. También puede ser más tranquilo que el eneatipo 9 que tiene fuerte el ala 8 y escuchar todos los puntos de vista para esclarecer la verdad de los asuntos.

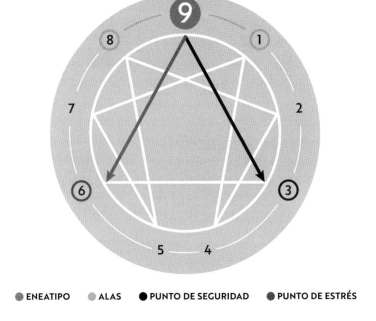

● ENEATIPO   ● ALAS   ● PUNTO DE SEGURIDAD   ● PUNTO DE ESTRÉS

El eneatipo 9 que tiene fuerte el ala 8 puede ser más directo y asertivo. No evita tanto el conflicto como el 9 prototípico. Puede exteriorizar más su enojo y sentirse más seguro de sí mismo. Muestra una fuerza amable, la cual utiliza para mejorar la vida de otras personas.

LO QUE LES RESULTA FÁCIL A LOS PACIFICADORES

El pacificador tiene un talento natural para mantener la paz. Está siempre dispuesto a mediar en los conflictos y las situaciones tensas para que el ambiente vuelva a estar calmado. Es la persona a la que acuden los demás cuando necesitan una opinión desprovista de juicios y que los escuchen. El eneatipo 9 es capaz de ver todos los lados de una situación y de comprender a los demás como ningún otro eneatipo. Le resulta fácil hacer amigos, porque a los demás les gusta su compañía.

LO QUE LES CUESTA A LOS PACIFICADORES

Pocas personas de eneatipo 9 afrontan los conflictos directamente, debido a que quieren conservar la paz en sus relaciones y en su entorno. Al pacificador le cuesta dar su opinión o manifestar cómo se siente respecto a algo, porque le importa más que la gente sea feliz. También le cuesta tomar decisiones y ceñirse a ellas. A causa de la necesidad que tiene de complacer a los demás, lo habitual es que no quiera tomar una decisión a menos que sepa que será bien recibida.

COMPORTAMIENTOS SALUDABLES

El deseo que tiene el eneatipo 9 de preservar la paz a su alrededor lo inspira a aceptar y comprender a los demás. Como quiere disipar el conflicto, ha desarrollado una serie de habilidades como mediador que le permiten escuchar todas las vertientes de una situación con empatía. A causa del deseo que tiene de mantener la paz, ha perfeccionado sus habilidades comunicativas, la primera de las cuales es empezar por escuchar al otro. Es paciente consigo mismo y con los demás, y reconoce que el conflicto es un componente de la vida que se puede resolver con una comunicación eficaz y empatía.

COMPORTAMIENTOS NO SALUDABLES

La fuerte necesidad que tiene el eneatipo 9 de evitar que se perturbe su paz puede llevarlo a evitar todo aquello que pueda generar conflictos o aportar una energía negativa. Esto puede traducirse en incapacidad de expresar los propios deseos y opiniones para evitar el riesgo de interpretaciones erróneas o en indecisión por temor a que su decisión perturbe la paz. A menudo el eneatipo 9 siente que lo que tiene por ofrecer no es importante, lo cual lo lleva a la dilación. Como solo quiere que todos se lleven bien, manifiesta estar de acuerdo con los demás con el único fin de mantener la paz. Esta actitud lo conduce a soterrar emociones y en última instancia a sentirse resentido cuando se siente ignorado o cuando siente que se aprovechan de él o ella.

VIDA LABORAL

En el lugar de trabajo el eneatipo 9 es alguien estable, equilibrado y comprometido a mantener la paz preservando un entorno laboral apacible y asegurándose de que las relaciones permanecen libres de conflictos. El eneatipo 9 trata de hacer de «abogado del diablo» en situaciones laborales e intenta verlas desde todos los ángulos. Al pacificador le importa mucho el espacio en el que trabaja, el cual tiene que estar configurado y decorado de una manera que le haga sentir a gusto. Puede mostrarse callado en el entorno laboral y proceder según los pensamientos y opiniones de otras personas en lugar de los suyos propios, y puede basarse en lo que digan sus colegas para tomar decisiones. Esto se debe a que cree que su voz y sus opiniones no son importantes. Si uno de tus compañeros de trabajo es un eneatipo 9, intenta incluirlo en el proceso de toma de decisiones, pídele su opinión y aliéntalo a decir lo que piensa. Recuérdale que su voz sí importa.

VIDA FAMILIAR

El eneatipo 9 suele ser el miembro de la familia que procura asegurarse de que todos están felices y se llevan bien. No en balde se le llama *el pacificador*. Quiere mantener la paz en la unidad familiar, como en todas las otras áreas de su vida. El eneatipo 9 tiene un halo de serenidad que suele ser contagioso. Los demás se sienten atraídos hacia él o ella a causa del alivio y la comprensión que proporciona. Se siente extremadamente incómodo con los dramas y conflictos familiares; es incapaz de expresar con palabras cómo se siente por miedo a la negatividad que podría derivarse de ello. Esta actitud puede desembocar en sentimientos de resentimiento por no ser escuchado o porque no se tienen en cuenta sus opiniones. Si uno de tus familiares es un eneatipo 9, déjalo tomar decisiones familiares y decir su opinión, y escucha de veras lo que tenga que decir.

RELACIONES

El eneatipo 9 aporta cuidado y fomenta la paz en las relaciones románticas. Se le da muy bien escuchar y ofrecer consejos, gracias a la capacidad que tiene de ver puntos de vista múltiples. Es empático y quiere asegurarse de que su pareja es feliz y recibe la atención oportuna. Sin embargo, como he mencionado antes, detesta y evita el conflicto, especialmente en el terreno de las relaciones. La razón de ello es el miedo que le tiene a la separación. Teme hacer algo que le haga sentirse abandonado. El miedo que le tiene al conflicto puede llevar al eneatipo 9 a evitar todo aquello que podría ser problemático, por lo que oculta sus verdaderos sentimientos. Ahora bien, estos sentimientos siempre salen a flote, normalmente a través de un comportamiento pasivo-agresivo hacia las personas que más le importan. Si estás en una relación con un individuo de eneatipo 9, asegúrate de que sepa que no vas a ir a ninguna parte, incluso si se produce un conflicto. Recuérdale que es normal que haya conflictos ocasionalmente en una relación y que los superaréis juntos.

LOS PACIFICADORES Y LOS OTROS ENEATIPOS

El eneatipo 9 tiende a llevarse bien con los demás gracias a su empeño en crear un entorno apacible para todo el mundo. Se exponen a continuación algunas dinámicas que pueden darse en las relaciones con las personas de eneatipo 9.

CON EL ENEATIPO 1:

Estos dos eneatipos se comprenden el uno al otro porque están contiguos en el eneagrama. El eneatipo 9 puede ayudar al 1 a ser menos autocrítico, mientras que el 1 puede ayudar al 9 a emprender la acción.

CON EL ENEATIPO 2:

Tanto el eneatipo 9 como el 2 son atentos y generosos. Pueden mostrar muchísima compasión entre sí, pero pueden tener dificultades para poner límites y decir «no».

CON EL ENEATIPO 3:

El eneatipo 3 y el 9 están conectados en el eneagrama y por lo tanto pueden comprenderse en algunos aspectos. El 9 puede recordarle al 3 que trate de ser una persona más despreocupada, y el 3 puede alentar al 9 a permanecer motivado.

CON EL ENEATIPO 4:

Tanto el eneatipo 4 como el 9 dan importancia a la comodidad y la estética, y a menudo buscan establecer conexiones profundas. El 4 tiende a ser más consciente de sus emociones y sentimientos, mientras que el 9 puede ocultarlos para apaciguar a los demás. Pueden mostrarse extremadamente empáticos y comprensivos entre sí.

CON EL ENEATIPO 5:

El eneatipo 5 y el 9 se llevan bien porque ambos respetan el espacio y los límites personales. Ambos son intelectuales y reservados en ocasiones. Pero pueden sentirse desconectados si se dan demasiado espacio el uno al otro.

CON EL ENEATIPO 6:

El eneatipo 6 y el 9 pueden comprenderse bien entre sí porque están conectados en el eneagrama. Ambos valoran la seguridad y la orientación y se las proporcionan mutuamente. A menudo, para un 6 la mera presencia de un 9 puede ser muy relajante.

CON EL ENEATIPO 7:

Prototípicamente, tanto el eneatipo 7 como el 9 tienen una visión positiva de la vida. Ambos son optimistas y están centrados en las relaciones. El 7 puede ayudar al 9 a ser más asertivo y enérgico.

CON EL ENEATIPO 8:

El eneatipo 8 y el 9 pueden ser completamente opuestos a veces, pero también se equilibran entre sí. El 8 valora del 9 el cuidado y el consuelo que ofrece; el 9 valora que el 8 esté dispuesto a defenderlo.

CON EL ENEATIPO 9:

Dos personas de eneatipo 9 se ofrecen una paciencia, una comprensión y un cuidado inmensos. Son conscientes la una de la otra de una forma que probablemente sea ajena a los demás. Pero pueden tener dificultades a causa de la evitación de los conflictos en la relación y puede costarles tomar decisiones.

Mantras para el pacificador

Cuando las cosas se pongan difíciles o siempre que tengas ganas, repite estos mantras y afirmaciones en voz alta o mentalmente para que ello te ayude a centrarte. Puedes repetir una sola de estas declaraciones o decirlas una tras otra.

♡ Mis pensamientos y opiniones importan.

♡ Tomo buenas decisiones.

♡ Puedo poner mi felicidad por encima de la de los demás.

♡ No soy responsable de la felicidad de otras personas.

♡ Mis sentimientos son importantes.

EJERCICIO PARA EL PACIFICADOR

El objetivo de este ejercicio es alentar al eneatipo 9 a permanecer motivado y obtener logros a diario. Esto puede resultarle difícil, ya que tiende a sentirse abrumado cuando tiene demasiados asuntos que atender. Pero si permanece presente puede alcanzar cualquier objetivo que se proponga.

1. Al principio de cada día, anota en una lista todo aquello que tienes que hacer sí o sí en el transcurso de la jornada.
2. Numera estas tareas según lo importantes que son. Ten en cuenta lo que debes hacer frente a lo que alguna otra persona puede hacer por ti.
3. Elige tres tareas de la lista que quieras ejecutar hasta terminarlas y descomponlas a su vez en listas de cosas por hacer más detalladas.

CONCLUSIÓN

E l eneagrama es una herramienta potente que puedes utilizar para incrementar la conciencia de ti mismo y tu crecimiento personal. Puede ayudarte a comprender las motivaciones y los comportamientos de las personas que hay en tu vida. Usado correctamente, el eneagrama no debe servirnos de excusa para nuestros comportamientos, sino darnos la oportunidad de convertirnos en la persona que realmente queremos ser. El eneagrama nos muestra que aunque nuestras motivaciones no cambien, la manera que tenemos de comprenderlas puede cambiar drásticamente. Con esta comprensión, podemos darnos a nosotros mismos cortesía, compasión y aceptación, y ofrecérsela a los demás. Esto es lo que te deseo a ti.

RECURSOS

En línea

EnneagramInstitute.com

TheEnneagramInBusiness.com

YourEnneagramCoach.com

Naranjo-SAT.com

InternationalEnneagram.org

Libros

The Art of Typing: Powerful Tools for Enneagram Typing, por Ginger Lapid-Bogda.

El camino de regreso a ti: un eneagrama hacia tu verdadero yo, por Ian Morgan Cron y Suzanne Stabile.

El camino que nos une: la sabiduría del eneagrama en las relaciones, por Suzanne Stabile.

The Complete Enneagram: 27 Paths to Greater Self-Knowledge, por Beatrice Chestnut.

The Enneagram for Relationships: Transform Your Connections with Friends, Family, Colleagues, and in Love, por Ashton Whitmoyer-Ober.

Millenneagram: The Enneagram Guide for Discovering Your Truest, Baddest Self, por Hannah Paasch.

La sabiduría del eneagrama: guía completa para el desarrollo psicológico y espiritual de los nueve tipos de personalidad, por Don Richard Riso y Russ Hudson.

Instagram

Abbey Howe (@EnneagramWithAbbey).
Amy Wicks (@WholeheartedEnneagram).
Beth McCord (@YourEnneagramCoach).
Enneagram and Coffee (@SaraJaneCase).
Enneagram Explained (@EnneagramExplained).
Kambrie Ross (@Enneagram.Kam).
Kim Eddy (@ChristianEnneagram.Coach).
Steph Barron Hall (@NineTypesCo).

REFERENCIAS

The Enneagram in Business. «Enneagram History and Theory». Consultado el 23 de julio de 2021. TheEnneagramInBusiness.com/the-enneagram/enneagram-history-and-theory/.

The Enneagram Institute. «5: The Investigator». Consultado el 9 de septiembre de 2021. EnneagramInstitute.com/type-5.

The Enneagram Institute. «The Traditional Enneagram». Consultado el 23 de julio de 2021. EnneagramInstitute.com/the-traditional-enneagram.

The Naranjo Institute. «Dr. Claudio Naranjo». Consultado el 7 de septiembre de 2021. NaranjoInstitute.org.uk/naranjo.html.

ÍNDICE TEMÁTICO

AGRADECIMIENTOS

Hay tantas personas a las que debo dar las gracias que, como siempre, me estresa la posibilidad de olvidarme de alguien. Quiero que todas se sientan queridas; cosas del eneatipo 2. En cualquier caso, lo voy a intentar.

En primer lugar, tengo que dar las gracias a todo el equipo de Callisto Media por seguir dándome la oportunidad de compartir con el mundo una de mis pasiones. A mi editora, Eun H. Jeong, te doy las gracias por tu paciencia y tus inmensos conocimientos en el terreno de la edición. Ha sido un gozo trabajar contigo.

Doy las gracias a mi comunidad de Instagram, mis *enneafans*. Os estoy eternamente agradecida a todos y todas por hacer realidad este sueño. Cada día mostráis querer aprender, crecer, comprenderos mejor y entender mejor a los demás. Estoy muy orgullosa de todos vosotros.

Doy las gracias a todos mis amigos, a quienes he vuelto a relegar a un segundo plano mientras terminaba este manuscrito. Gracias por vuestra comprensión, por vuestro amor y por apoyar mis sueños. Sé que puedo contar con que seguiréis siendo mis mejores fans.

Doy las gracias a mi madre, que se ofreció para cuidar de Preston cuando yo tenía que escribir y Derek tenía que trabajar. Me ha apoyado día tras día y me enseñó qué significa perseguir aquello que quiero en la vida. Me ha dejado ser yo misma.

Doy las gracias al resto de mi familia, mis hermanos y mis cuñados. No podría haber hecho esto sin vuestro apoyo constante. Sé que es difícil explicar lo que hago a otra gente, pero estáis haciendo un gran trabajo y os quiero por esto. Gracias por rodearme de amor.

Para terminar, doy las gracias a Derek y Preston. Vosotros sois mi mundo y mi razón de existir. Derek, gracias por creer en mí, por empujarme a creer en mí misma, por amarme de manera incondicional. Y Preston, hace poco que estás en nuestra vida, pero lo has cambiado todo para mí. No recuerdo cómo era la vida antes de ti. Os amo a los dos más de lo que se podría llegar a expresar con palabras.

SOBRE LA AUTORA

 **Ashton Whitmoyer-Ober** es escritora, oradora, psicóloga comunitaria, *coach* de eneagrama certificada y defensora de los desvalidos. Es profesora a tiempo parcial y tiene su propio negocio –Enneagram Ashton– centrado en el eneagrama y el *coaching* de vida. Es autora de los libros *Enneagram for Relationships* [Eneagrama para las relaciones] y *The Two of Us: A Three-Year Couple's Journal* [Nosotros dos: diario de tres años de relación].

Puedes encontrarla en Instagram: @EnneagramAshton.